O NEGÓCIO DO SONO

COMO DORMIR MELHOR PODE TRANSFORMAR SUA CARREIRA

Vicki Culpin

O NEGÓCIO DO SONO

COMO DORMIR MELHOR PODE TRANSFORMAR SUA CARREIRA

TRADUÇÃO
UBK Publishing House

© 2018, Vicki Culpin
Copyright da tradução © 2020, Ubook Editora S.A.

Publicado mediante acordo com Bloomsbury Publishing Plc. Edição original do livro, *The business of sleep: how sleeping better can transform your career*, publicada por Bloomsbury Publishing Plc.

Todos os direitos reservados. Nenhuma parte deste livro pode ser utilizada ou reproduzida sob quaisquer meios existentes sem autorização por escrito dos editores.

COPIDESQUE	Janir Hollanda
REVISÃO	Juliana Bianco e Patrícia Baroni
CAPA E PROJETO GRÁFICO	Bruno Santos
IMAGEM DE CAPA	andriano.cz/Shutterstock
DIAGRAMAÇÃO	Abreu's System

Dados Internacionais de Catalogação na Publicação (CIP)
(Câmara Brasileira do Livro, SP, Brasil)

Culpin, Vicki
  O negócio do sono: como dormir melhor pode transformar sua carreira / Vicki Culpin; tradução UBK Publishing House. — Rio de Janeiro: Ubook Editora, 2020.

  Título original: The business of sleep
  Bibliografia
  ISBN 978-85-9556-202-8

  1. Carreira profissional – Desenvolvimento 2. Distúrbios do sono 3. Negócios 4. Sono 5. Sono – Aspectos fisiológicos 6. Sono – Distúrbios 7. Promoção da saúde I. Título.

20-32582   CDD-613.79

Índices para catálogo sistemático:
1. Sono: Carreira profissional: Promoção da saúde   613.79

Maria Alice Ferreira – Bibliotecária – CRB-8/7964

Ubook Editora S.A
Av. das Américas, 500, Bloco 12, Salas 303/304,
Barra da Tijuca, Rio de Janeiro/RJ.
Cep.: 22.640-100
Tel.: (21) 3570-8150

Para Marie – Eu sou a mais sortuda

Sumário

Agradecimentos 9

Introdução: O despertador 11

PARTE UM   As consequências de dormir mal 23

1   Do que são feitas as memórias? – Sono e memória 25
2   A noite é boa conselheira? – Sono e tomada de decisões 34
3   Algo que sonhei – Sono e criatividade 47
4   Doentes e exaustos – Sono e saúde física 59
5   Acordou do lado errado da cama? – Sono e humor 71

PARTE DOIS   Causas, dicas, ferramentas e técnicas
para dormir melhor 79

6   Fatores ambientais – Tecnologia, temperatura e barulho 83
7   Fatores psicológicos 100
8   Fatores fisiológicos – Cafeína, álcool e exercício físico 110
9   Fatores fisiológicos – Turnos de trabalho e *jet lag* 125

Você ainda está acordado? O futuro 144

Notas 146
Referências bibliográficas 150

Agradecimentos

Trabalho com pessoas de inúmeras empresas e lugares há muitos anos, e cada vez que falo sobre resiliência e sono aprendo um pouco mais – um pouco mais sobre como dormir mal afeta a capacidade de um indivíduo de fazer seu trabalho, um pouco mais sobre como a cultura organizacional continua a perpetuar o mito de que presenteísmo e produtividade são a mesma coisa, um pouco mais sobre como equipes e departamentos são levados a fazer mais com menos, e trabalhar por mais tempo e intensivamente sob crescente pressão, e um pouco mais sobre a resiliência do corpo e do espírito humano.

Para mim, e para o trabalho que faço, cada dia é um dia de escola, cada dia aprendo, e tenho uma enorme dívida com todos os participantes em cursos de curta duração, e estudantes em programas de graduação, que partilharam as suas experiências comigo, muitas vezes de forma muito franca e sincera. Sou frequentemente confrontada com sua honestidade e autenticidade – este livro não teria acontecido sem eles.

Gostaria também de agradecer a todos os meus colegas da Ashridge Executive Education, que me enviam recortes de imprensa, páginas de blogues, pesquisas e artigos sempre que o sono é mencionado. Vocês são a minha equipe de investigação coletiva e o apoio de vocês é verdadeiramente maravilhoso.

É importante deixar um grande obrigado à minha família e amigos, que proporcionam a diversão, o riso e o apoio emocional, fazendo com que eu sempre durma bem.

Finalmente, a Marie – como minha copiloto, temos trabalhado juntos neste projeto há muito tempo. Você trabalhou incansavelmente ao meu lado por meses e meses; você me ouviu falar sobre a última pesquisa do sono, e me apoiou infinitamente, me persuadiu e me encorajou do início ao fim. Sem você eu não teria começado esta viagem e sem você eu não a teria terminado. Mal posso esperar para avançar para a nossa próxima viagem juntos, seja ela qual for.

Introdução
O despertador

"Foi o melhor dos tempos, foi o pior dos tempos". Talvez não seja a abertura mais original, já que um cara chamado Charles Dickens usou isso para começar seu livro *Um conto de duas cidades* há quase 160 anos atrás (1), mas é uma frase que é tão pertinente hoje no mundo do bem-estar organizacional quanto era para Dickens em Paris e Londres, em 1850. Nunca houvera tanta pesquisa focada no tema do sono; por que o sono é necessário, como funciona o sono e as consequências de dormir mal, tanto no corpo como na mente? Nunca antes estivemos em posição de usar avanços de escaneamento cerebral, tais como imagens de ressonância magnética (IRM), para permitir que os pesquisadores "vejam" como o sono afeta nossos processos de pensamento, e nunca antes tivemos acesso a grandes dados que nos permitem compreender o impacto do sono precário em escalas organizacionais, nacionais e globais. E, no entanto, de acordo com algumas peças de pesquisa em larga escala bastante significativas e impactantes, nunca houvera porcentagens relevantes de adultos que trabalhassem tão desprovidos de sono.[1] Os Centros de Controle e Prevenção de Doenças nos Estados Unidos descobriram que mais de um terço dos adultos americanos estavam tendo regularmente muitas poucas horas de sono (Liu et al., 2104 in RAND), um número que os levou a anunciar que o sono insuficiente era um "problema de saúde pública" (2), e em um estudo realizado em 2013 pela National Sleep Foundation (3), foi relatado a porcentagem dos padrões de sono dos adultos:

	EUA	Reino Unido	Japão	Alemanha	Canadá
Menos de 6 horas de sono	18%	16%	16%	9%	6%
6-7 horas de sono	27%	19%	40%	21%	20%
Total % de adultos com menos de 7 horas de sono por noite	**45%**	**35%**	**56%**	**30%**	**26%**

Fonte: https://sleepfoundation.org/sleep-polls-data/other-polls/2013-international-bedroom-poll.

Considerando que a National Sleep Foundation (3), a American Academy of Sleep Medicine e a Sleep Research Society (4) recomendam que adultos entre dezoito e sessenta anos de idade **devem dormir pelo menos sete horas por noite**, mais da metade dos adultos japoneses não está dormindo o suficiente, e quase metade dos adultos americanos e britânicos está em uma posição semelhante.

A maioria de nós está familiarizada com a frase inicial de *Um conto de duas cidades*, mas sabe qual vem a seguir? "Era a época da iluminação, era a época da insensatez". E, mais uma vez, nunca uma palavra mais verdadeira foi dita em relação ao mundo da pesquisa do sono e ao impacto sobre o desempenho dos negócios e o bem-estar organizacional. É realmente a era da iluminação – basta pesquisar por "impacto de dormir mal" na internet[2] para ler artigos bem pesquisados, de fontes confiáveis como a NHS, a Mayo Clinic, a National Sleep Society e a American Sleep Society, explicando as consequências do sono deficiente, que incluem piora na memória, atenção, tomada de decisões e criatividade a curto prazo, e sete das quinze principais causas de morte (nos Estados Unidos) a longo prazo, tais como doenças cardiovasculares, acidentes, diabetes e hipertensão arterial (5). No entanto, apesar do acesso a pesquisas de ponta, explicando as graves consequências cognitivas e de saúde de um sono insuficiente ou de má qualidade, apesar de os CEOs de alto nível deixarem o cargo ou tirarem licença de longa duração por doença devido à fadiga e ao esgotamento, apesar da inclusão de cursos de higiene do sono nos pacotes de bem-estar corporativo e saúde ocupacional, e apesar da maior cobertura da mídia sobre os perigos do sono, ainda é a era da insensatez se quase metade da população adulta do Reino Unido e dos EUA não estiverem dormindo o suficiente.

Tais são os perigos de dormir mal que o *Guinness Book of World Records* não medirá mais um recorde mundial de privação de sono,[3] mas sinta-se livre para tentar bater o recorde mundial do número de hambúrgueres consumidos em três minutos (doze hambúrgueres) ou o número de pimentas-jalapenho consumidas em um minuto (dezesseis pimentas-jalapenho)! O sono é tão importante para a sobrevivência humana que, embora os mecanismos exatos ainda não sejam conhecidos, a privação contínua do sono acaba por conduzir à morte. No entanto, morrer de privação de sono não acontecerá a um ser humano saudável por uma razão fundamental – o corpo (ou o cérebro) não o permitirá. Esse é um ponto realmente crítico, e que enfatiza a importância do sono para a saúde e funcionamento humano. Um indivíduo pode "escolher" ativamente não comer e acabará por morrer de fome. Ele pode decidir não ingerir líquidos e, após um período muito mais curto, morrer de desidratação. Durante a fome ou desidratação, o corpo recorrerá a tentativas desesperadas de "forçar" o indivíduo a consumir alimentos ou água, mas, em última análise, o indivíduo pode decidir se come ou bebe. Isso não vai acontecer com o dormir. Em algum momento, se você estiver privado, seu corpo o forçará a adormecer e você não terá absolutamente nenhum controle sobre ele. Pode lutar contra isso com toda a sua vontade, mas, em última instância, o corpo humano (e o cérebro humano) vencerá (6). Embora isso seja vital para a sobrevivência humana e demonstre como dormir é vital para o funcionamento, também sinaliza alguns dos perigos inerentes à privação do sono e explica por que tantos acidentes de carro e fatalidades são resultado de condução sonolenta ou de adormecer ao volante.

BUSINESS CASE

Há três maneiras de examinar as consequências de dormir mal, todas elas interligadas. A falta de sono suficiente (quantidade de sono), ou a falta do tipo certo de sono (qualidade do sono), afeta as pessoas a nível individual, com consequências físicas, sociais, emocionais e cognitivas (abordadas neste livro). Estas, por sua vez, manifestam-se em comportamentos que "aparecem" na vida pessoal e organizacional (como o *cyberloafing*) (7), a experiência de supervisão abusiva (8) e relações de acompanhamento de líderes (9), a diminuição do comportamento de cidadania organizacional (10) e o aumento do comportamento antiético no trabalho (11), resultando na diminuição de desempenho e produtividade que podem ser generalizados a setores industriais ou a economias nacionais. Em 2016, a RAND Europe publicou um estudo em que analisava o custo econômico do sono insuficiente. A partir de seus dados e modelagens computacionais emergiram três fatos chocantes (a nível individual, organizacional e nacional) (12):

- Os indivíduos que dormem em média menos de seis horas por noite apresentam um risco de mortalidade treze por cento superior ao de um indivíduo que dorme entre sete e nove horas por noite, e aqueles que dormem entre seis e sete horas por noite têm um aumento de sete por centro no risco de mortalidade.
- Numa base anual, o Reino Unido perde 0,2 milhões de dias de trabalho por ano devido a um sono insuficiente e os Estados Unidos perdem 1,23 milhões de dias de trabalho.[4]
- O aumento das taxas de mortalidade e a diminuição dos níveis de produtividade (em resultado do absentismo) custam à economia do Reino Unido entre US$36,7 bilhões e US$50 bilhões por ano, e aos Estados Unidos entre US$280,6 bilhões e US$411 bilhões por ano.

A importância de se levar a sério dormir mal não fica mais evidente ou mais claro do que isso. A obtenção da quantidade certa de sono todas as noites pode reduzir a mortalidade, melhorar a eficácia organizacional

Figura I.1 *A relação entre o nível de análise e o impacto de dormir mal.*

e poupar à economia do Reino Unido entre US$36,7 bilhões e US$50 bilhões (de 1,36 a 1,86 por cento do PIB) todos os anos.

É a era da iluminação – as figuras falam por si próprias; que esta não seja a era da insensatez.

ESTRUTURA DO LIVRO

Ao descrever primeiro, como o sono funciona; segundo, quais são as consequências de dormir mal; e, finalmente, o que pode ser feito a esse respeito, este livro fornece o *business case* para levar esse assunto a sério (parte um – As consequências de dormir mal), e a ajuda e orientação para fazer pequenas, mas significativas, mudanças para melhorar tanto a qualidade do seu sono quanto a quantidade dele (parte dois – Causas e soluções para dormir melhor). Se você precisa se convencer ainda mais que o sono inadequado é um problema real, comece com a parte um – As consequências de dormir mal. Lá, concentro-me nos efeitos do sono ruim a nível individual – efeitos cognitivos, sociais, emocionais e físicos que são particularmente pertinentes para os indivíduos num ambiente de trabalho. Estes incluem memória e atenção pobres, tomada de decisão deficiente, redução da criatividade e inovação, saúde física prejudicada e humor reduzido. Dado que um sujeito inteligente chamado Goethe[5] observou que "saber não é suficiente, devemos aplicar,

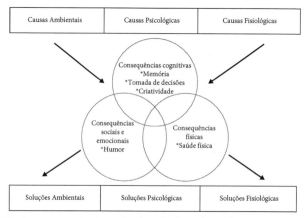

Figura I.2 *As causas e consequências de dormir mal.*

disposto não é suficiente, devemos fazer" (14), a parte dois do livro centra-se nas causas do sono reduzido para que possamos olhar o que pode ser feito e melhorá-lo, quer sejam fatores ambientais (tecnologia, ruído, temperatura), psicológicos ou fisiológicos (cafeína, álcool, exercício, trabalho por turnos ou *jet lag*).

DE QUANTO SONO PRECISAMOS?

O sono é extremamente individual; isto é, o que é certo para uma pessoa pode ser excessivo ou muito pouco para outra. Isso é importante, porque sua necessidade de sono é determinada por uma série de fatores individuais, incluindo idade, saúde e, até certo ponto, sexo (por exemplo, mulheres grávidas e em período pós-parto têm necessidades de sono diferentes). No entanto, essa diferença entre as necessidades de sono não varia tanto quanto você poderia pensar (ou desejar que variasse), e não é uma desculpa para não dormir o suficiente. Se você acordar de manhã, e a maior parte do tempo não se sentir completamente descansado, então isso é um sinal de que você não está dormindo o suficiente, e/ou que seu sono é de má qualidade. Esse teste pode ser imperfeito, mas é uma forma extremamente eficaz de ouvir as necessidades de sono do seu corpo.[6] Se você está tendo a quantidade e a qualidade certas de sono de que precisa todas as noites, você deve acordar todas as manhãs (dê a si mesmo cinco minutos para ganhar total atenção) sentindo-se novo em folha. Embora haja variações ao longo do dia em termos de quão alerta pode se sentir (como a queda de produtividade pós-almoço), você normalmente deve ser capaz de gerir um dia inteiro sem uma soneca, ou sem adormecer no sofá antes do jantar. É claro que todos nós temos noites de sono ruim, e horários malucos que nos fazem trabalhar até tarde em ocasião incomum, mas se essa "ocasião incomum" se tornar a norma, ou se ela se tornar tão normal que você nem perceba ou pense sobre o quão cansado se sente, então vale a pena parar e refletir sobre seus padrões de sono.

Em 2015, a National Sleep Foundation foi uma das primeiras organizações a recomendar oficialmente a duração do sono para todos, desde recém-nascidos até idosos:

Idade	Recomendado (horas por noite)	Considerado apropriado (horas por noite)	Não recomendado (horas por noite)
Recém-nascidos (0-3 meses)	14–17	11–13 e 18–19	Inferior a 11 Mais de 19
Bebês (4-11 meses)	12–15	10–11 e 16–18	Menos de 10 Mais de 18
Crianças pequenas (1-2 anos)	11–14	9–10 e 15–16	Menos de 9 Mais de 16
Pré-escolares (3-5 anos)	10–13	8–9 e 14	Menos de 8 Mais de 14
Crianças em idade escolar (6-13 anos)	9–11	7–8 e 12	Menos de 7 Mais de 12
Adolescentes (14-17 anos)	8–10	7 e 11	Menos de 7 Mais de 11
Jovens adultos (18-25 anos)	*7–9*	*6 e 10–11*	*Menos de 6 Mais de 11*
Adultos (26-64 anos)	*7–9*	*6 e 10*	*Menos de 6 Mais de 10*
Idosos (65 anos +)	7–8	5–6 e 9	Menos de 5 Mais de 9

Fonte: Hirshkowitz et al. National Sleep Foundation's sleep time duration recommendations: Methodology and results summary (15).

Não só é importante obter a quantidade certa de sono, como a qualidade dele também é crítica. Compreender o ciclo do sono e a forma como ele funciona ilustra porque a qualidade, ou profundidade do sono, é tão importante quanto a quantidade dele que você tem a cada noite, mas uma analogia também pode ajudar. Chris Winter em seu livro *The Sleep Solution* descreve o impacto da má qualidade do sono como semelhante a uma orquestra tocando uma sinfonia com uma pausa na execução a cada vinte minutos. Embora cada nota possa ser tocada com perfeita precisão técnica, haverá pouco prazer na peça (6). A música será fragmentada, e isso, tal como a fragmentação do sono, tem tanto impacto no sucesso da peça (ou no benefício do sono) como o fato de cada nota ser tocada (cada hora de sono conta).

COMO O SONO FUNCIONA?

Processo s e Processo c

Como humanos, temos dois mecanismos básicos de sono. Um funciona num ciclo de aproximadamente[7] 24 horas por dia e o outro de forma linear.

O processo linear, muitas vezes referido como o impulso para dormir, é determinado pela quantidade de sono que tivemos recentemente, e por isso é conhecido como um processo dependente do sono (Processo s). Quanto mais tempo estivermos acordados, maior será a necessidade de dormir, mas quando dormimos o suficiente, o processo se recicla e começa novamente. Se tivermos dormido um pouco, mas não o suficiente, o "impulso para dormir" será reduzido, mas não desaparecerá completamente.

O processo cíclico não é determinado pelo sono, mas pelos nossos processos circadianos internos de 24 horas (Processo c). Esses processos são sincronizados ou calibrados por sinais externos ao tempo (conhecidos como *zeitgebers* ou *time-givers*), sendo os mais importantes os processos claros e escuros.

Como analogia, pense no Processo C como uma bola e no Processo S como uma correia transportadora em movimento. Durante o dia, a bola move-se ao longo dessa correia transportadora, girando à medida que avança e recebendo todos os sinais externos para as diferentes horas do dia. Quando escurece, ela chega ao fim da correia. Durante o dia, a correia transportadora torna-se um pouco mais íngreme, porque você está ficando mais cansado, e quando a bola chega ao topo você tem a situação perfeita – a bola (Processo C) diz ao seu corpo que é hora de dormir porque a temperatura interna caiu, e está escuro lá fora, e você esteve acordado por um longo tempo e então está cansado (Processo S) e no final da correia. Você adormece. Enquanto está dormindo, a bola rola pela esteira transportadora, ainda girando (os ritmos circadianos continuam durante toda a noite enquanto você está dormindo), e quando você acorda está pronta para começar de novo.

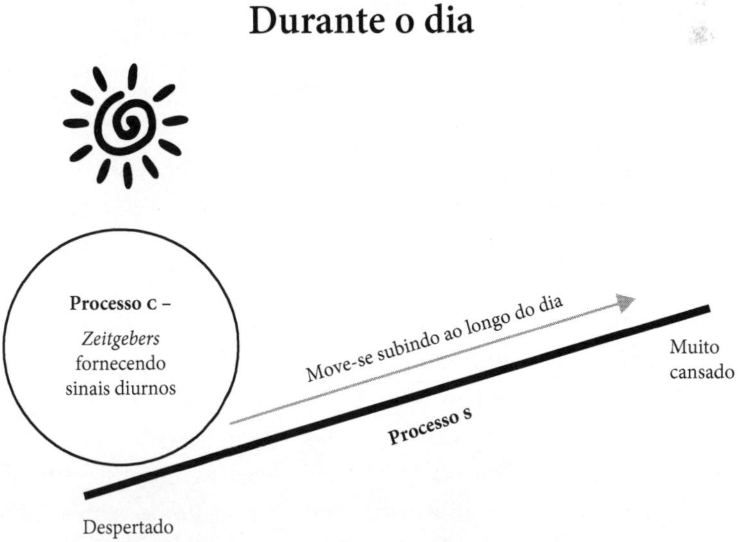

Durante o dia

Figura I.3 *Processo C e Processo S durante o dia.*

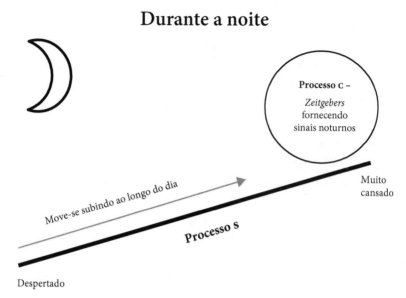

Figura I.4 *Processo* C *e Processo* S *durante a noite.*

FASES DO SONO

Os humanos, de fato todos os mamíferos, têm dois estados distintos de sono – NREM (movimento ocular não rápido) e REM (movimento ocular rápido) – e uma multiplicidade de variáveis fisiológicas, incluindo movimento ocular, movimento corporal e atividade da onda cerebral, mostrando que esses dois estados são tão distintos um do outro quanto são do estado de se encontrar totalmente acordado (18). NREM, ou sono "não REM", em si mesmo tem três estágios, N1, N2 e N3,[8] sendo N1 e N2 os estágios do sono que podemos pensar como sono mais leve, e N3 como sono lento, SWS (em inglês, *Slow Wave Sleep*) ou sono profundo. Durante o sono NREM, somos capazes de mover nosso corpo (especialmente no sono mais leve N1 e N2), enquanto no sono REM temos o que é conhecido como atonia muscular; paralisia muscular. Dado que a maioria dos sonhos humanos ocorre durante o sono REM, o fato de não ser capaz de realizar fisicamente nossos sonhos, devido à paralisia, é certamente vantajoso!

Em circunstâncias normais, os adultos levam cerca de quinze a vinte minutos para passar do sono leve N1 para o SWS (sono profundo), e então irão percorrer os estágios de sono durante a noite (aproximadamente noventa minutos por ciclo), com a maioria do SWS na primeira metade da noite, e a maioria do sono REM na segunda metade[9] (veja diagrama a seguir), acordando do sono REM ou sono leve pela manhã, se for capaz de fazê-lo naturalmente (é claro que é uma história totalmente diferente se você precisa usar um despertador). Acordar do sono leve N1 geralmente significa que você desperta sentindo-se revigorado, enquanto acordar no meio do SWS, ou sono profundo, pode levar a tonteira e letargia (pense em como é acordar no sofá em uma tarde de sábado depois de uma soneca "acidental").

Embora a quantidade de sono REM e NREM (em cada uma das diferentes fases) modifique acentuadamente desde a infância até a idade adulta, os adultos saudáveis até os 60 a 65 anos de idade partilham um padrão semelhante em termos de tempo para adormecer (conhecido como latência do sono), quantidade de tempo passada acordado durante a noite – WASO (sigla em inglês para *wake after sleep onset*, ou despertar após o início do sono) e o tempo em cada fase do sono (ver diagrama a seguir).

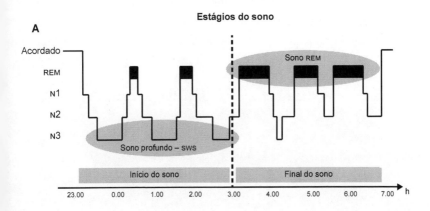

Para manter a saúde e garantir que o funcionamento cognitivo, social e emocional não seja afetado, tanto a qualidade como a quantidade do sono são importantes. Ou seja, temos que atravessar todo o processo de sono para obter a quantidade certa dele, mas também temos que mover para cima e para baixo nos ciclos para ganhar a quantidade certa dos diferentes estágios do sono.

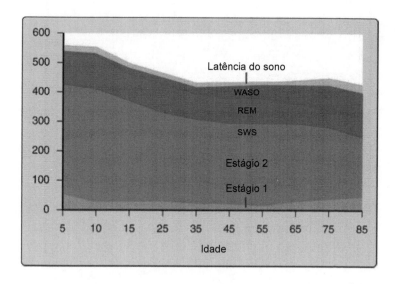

Na parte um do livro (consequências), analisamos o que acontece quando não dormimos o suficiente (quantidade) ou não conseguimos o tipo certo de sono (qualidade), e na parte dois (causas), examinamos as razões pelas quais nossa qualidade e quantidade de sono podem ser afetadas e o que podemos colocar em prática para ajudar a melhorar nosso sono no futuro. Este livro deve, portanto, acrescentar à sua era de iluminação e motivá-lo a fazer algo diferente para melhorar seu sono, evitando assim a era da insensatez.

PARTE UM

As consequências de dormir mal

1

DO QUE SÃO FEITAS AS MEMÓRIAS? – SONO E MEMÓRIA

Se você tivesse que adivinhar, quantas vezes por dia recorre à sua memória durante o trabalho? Vinte ou trinta vezes? Talvez mais? E para que tipo de coisas você usa sua memória durante o dia de trabalho, ou talvez mais importante, que tipo de coisas esquece durante o dia de trabalho? As horas de reuniões, informações importantes para um relatório, o nome de um novo colega? Então, que tal ir de carro para o trabalho? Sem memória processual (memória para procedimentos como conduzir um carro ou andar de bicicleta) não se lembraria de como dirigir, e de fato, sem memória, nem sequer se lembraria que tinha um trabalho para fazer. A memória não é apenas um repositório de fatos e números que podemos utilizar quando precisamos deles (embora também o façamos, é claro), ela molda a nossa própria existência; determina quem pensamos que somos, como vemos o mundo (com base em como recordamos o passado) e como planejamos o futuro, bem resumidos por Steven Shapin em um artigo para a revista *The New Yorker* – "Tempo, realidade e identidade são de curadoria da memória"(1).

Dada a importância crítica da memória, não apenas para o sucesso na vida organizacional, mas para o nosso próprio ser, talvez não seja surpreendente que o efeito do sono nos sistemas de memória seja uma das áreas mais bem pesquisadas na literatura do sono até hoje, com um aumento particular na atividade de pesquisa ao longo da última década. No entanto, embora tenha havido uma proliferação recente em pesquisas que examinam a relação entre sono e memória, os benefícios gerais do sono para a memória foram estabelecidos já em 1885, e assim o foco recente tem sido em examinar os *tipos* de memória que se beneficiam do bom sono, e *quando* você deve dormir para tirar o proveito máximo.

Em 1885, Hermann Ebbinghaus, professor da Universidade de Berlim, publicou uma série de experiências de memória, baseadas numa amostra única – ele próprio! Embora, por padrões modernos de rigor científico isso possa ser algo problemático, o trabalho de Ebbinghaus, especificamente a sua descoberta da "curva do esquecimento", resistiu ao teste do tempo, com os pesquisadores da memória ainda hoje referindo-se a taxas de esquecimento demonstradas por ele há mais de um século. Ele observou que o esquecimento ocorre muito rapidamente nas primeiras horas após a aprendizagem do material a ser lembrado, e que após alguns dias, o que ainda é retido, é relativamente estável ao longo do tempo. Para entender como funciona a memória, o professor deu-se listas de não palavras para aprender. Essas não palavras eram de natureza muito particular; formadas por trigrama consoante, vogal, consoante (VEK, PIV etc.). Ebbinghaus passou muitos anos enviando listas dessas não palavras à memória, e depois testando-se durante diferentes períodos (como imediatamente, uma hora, um dia ou um mês após a aprendizagem). Durante essas experiências, ele dormiu como de costume (embora não saibamos qual era seu costume), e notou que a sua taxa de esquecimento estava um pouco reduzida quando dormiu entre a aprendizagem das palavras e a recordação delas. Em 1914, a relação entre aprendizagem e sono foi novamente demonstrada na Alemanha, dessa vez com um total de seis participantes, e com material didático à noite resultando em menos esquecimento mesmo 24 horas depois, quando comparado com a aprendizagem seguida da vigília, e assim a conexão entre memória (aprendizagem) e sono passou a se estabelecer (2).

O ponto, de mais de 150 anos de pesquisas sobre o efeito do sono na aprendizagem e na memória, é que um bom sono melhora a memória. Ter uma boa noite de sono antes de aprender um novo material e/ou dormir entre a aprendizagem da nova informação e a necessidade de recordá-la, demonstraram melhorar o desempenho subsequente. Por exemplo, em um estudo em que os indivíduos foram privados do sono antes de receberem novos materiais para aprender, houve uma incrível redução de quarenta por cento de sua capacidade de formar novas memórias. Curiosamente, quando o material foi dividido em conotações positivas, neutras e negativas, a memória foi superior para o material positivo e negativo para os participantes que tinham dormido como o habitual (não surpreende, pois sabemos que a emoção ajuda a codificar as memórias), mas para aqueles que tinham sido privados do sono, o desempenho foi pobre tanto no material neutro como no positivo, mas *não* no material negativo. Ou seja, embora o desempenho global tenha sido pior para os indivíduos privados de sono, essa redução foi apenas nas memórias positivas e neutras, as memórias negativas ainda foram lembradas, mostrando um viés negativo para as memórias após o sono ruim (3).

Portanto, talvez seja aqui que devêssemos terminar este capítulo – um dos princípios centrais para o *business case* de dormir mais é que ele pode melhorar sua memória, e dado que a memória não é apenas crítica para o sucesso organizacional (chegar atrasado às reuniões, não lembrar os números críticos de vendas ou perder um prazo são certamente sabotadores de carreira), mas é fundamental para a identidade central de um indivíduo como humano, então dormir mais para ajudar o desempenho da memória é um argumento convincente. Mas claro, os mais intelectualmente curiosos (ou cínicos) de nós querem saber mais do que isso. Toda a aprendizagem e memória são melhoradas pelo sono? Importa quando dormimos para melhorar a memória? O que é o "bom" sono, que melhora a memória e a aprendizagem? Para responder a essas perguntas, precisamos entender um pouco mais sobre as diferentes etapas e tipos de memória.

Paul Reber, professor de psicologia da Northwestern University, Illinois, acredita que se for possível comparar a capacidade do cérebro de armazenar memórias a um disco rígido de computador, então ela estaria na região de vários petabytes. Ou seja, aproximadamente um milhão de gigabytes, ou três milhões de horas de programas de TV, levando trezentos anos para serem assistidos (4). Uma capacidade enorme, mas para recordar essa informação, ou mesmo uma pequena porcentagem dela, as memórias precisam não só serem armazenadas de forma eficaz, mas também adquiridas de forma eficiente em primeiro lugar. São estas três etapas – codificação (aquisição), consolidação (estabilização e aperfeiçoamento das memórias, assegurando um armazenamento eficaz) e recordação – que formam o processo de armazenamento e recordação de qualquer memória, seja ela uma memória visual pessoal, um som evocativo ou um fato aprendido na escola.

Durante a fase de codificação, quando um novo traço de memória é criado no cérebro, essa memória é muito vulnerável ao esquecimento, razão pela qual o próximo passo, a consolidação, é importante. É nele que o frágil traço de memória se estabiliza e se consolida nas preexistentes redes de memória no cérebro. Finalmente, se as duas primeiras etapas forem bem-sucedidas, a memória pode então ser acessada e recordada, seja imediatamente, após alguns dias ou após algumas décadas (2). Embora por vezes isso também seja difícil, mesmo sabendo que a memória já foi armazenada – alguma vez você já teve uma lembrança na "ponta da língua"?

Se voltarmos a nossa atenção para os tipos de memória, mais do que para as etapas da memória, e pensarmos nas diferentes formas como a usamos num dia comum, podemos dividi-las em dois tipos distintos conhecidos como memórias declarativas e não declarativas. As memórias declarativas, em seu nível mais básico, são memórias em que somos capazes de "declarar" ou expressar informação, e as não declarativas, sim, você adivinhou, relacionadas às memórias que não podemos expressar; de fato, essas memórias são assimiladas implicitamente, e podemos não ter consciência disso, até precisarmos demonstrar que a memória existe, que aprendemos alguma coisa em primeiro lugar. A memória declarativa cobre a maior parte do que a maioria dos indivíduos veem como "memória" típica, e está dividida em dois subtipos: episódico e semântico. A memória episódica refere-se à memória para episódios ou períodos, por isso é a capacidade de recordar memórias ou experiências passadas que são muito pessoais para nós – a memória episódica pode ser comparada a um diário, e dentro de um típico dia de trabalho as memórias episódicas podem incluir quem se sentou ao seu lado em uma reunião, como se sentiu durante uma apresentação e o percurso que fez para casa naquela noite.

As memórias episódicas são por vezes aprendidas muito rapidamente, mas também são vulneráveis ao esquecimento rápido, a menos que o evento tenha sido particularmente poderoso e emocional. O outro subtipo é a memória semântica, que se refere a fatos e números sobre o mundo. A memória episódica é diferente para cada indivíduo, mesmo que eles tenham vivenciado o mesmo evento, pois é pessoal para você, e se baseia no desenho de suas próprias experiências e expectativas passadas, enquanto a memória semântica, que muitas vezes é aprendida mais lentamente, mas é menos suscetível ao esquecimento, permite que você tenha conhecimento sobre o mundo, sem ter experiência direta com ele – uma enciclopédia com memórias semânticas típicas no trabalho, incluindo os últimos relatórios de vendas, a localização de sua nova sede e o aniversário de um membro de sua equipe.

A memória não declarativa baseia-se em diferentes áreas do cérebro em relação à memória declarativa, e relaciona-se com tipos muito distintos de memória, aquelas que são recordadas não por meio de descrições ou listas de fatos e figuras, mas por meio da ação e do com-

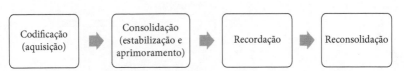

Figura 1.1 *Etapas-chave da memória.*

portamento (3). Estas incluem memória processual para habilidades motoras e perceptivas, em que a aprendizagem é muito lenta (lembra-se de quanto tempo você levou para aprender a dirigir?). Um exemplo clássico de uma memória processual não declarativa é andar de bicicleta, mas outros exemplos organizacionais mais relevantes (a menos que você seja um entregador de bicicleta) incluem o desenvolvimento de qualquer habilidade nova, como usar uma nova peça de maquinaria, encontrar o caminho para o novo endereço do escritório ou preparar um café!

Se voltarmos às diferentes etapas da memória, sabe-se que duas delas são afetadas por dormir mal (ou, inversamente, se você é otimista, melhoradas ao dormir bem), e se relacionam com a questão de quando um indivíduo dorme, embora os mecanismos exatos pelos quais isso aconteça ainda não estejam totalmente compreendidos. Dormir *antes* que a aprendizagem aconteça (pense nela como preparação), fase de pré-treino, beneficia a fase de codificação da memória, enquanto o sono *após a* aprendizagem e antes da recordação (pense nisso como percolação), fase de pós-treino, tem demonstrado melhorar a consolidação da memória.

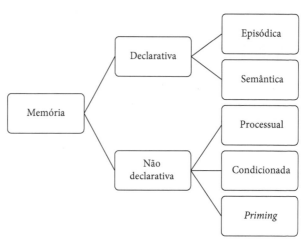

Figura 1.2 *Os diferentes tipos de memória.*

Atualmente há um consenso significativo entre os pesquisadores de que o sono no pré-aprendizado, ou fase de preparação, ajuda a codificar a informação a ser lembrada, o que aumenta a lembrança dessa informação em uma etapa posterior. Essa base de pesquisa é tão convincente que um pesquisador concluiu, com fundamento em seus próprios estudos de neuroimagem de indivíduos privados de sono, que dormir mal "compromete criticamente a capacidade neural e comportamental de alocar novas experiências para a memória" (5), com a privação do sono resultando em pior desempenho em uma variedade de experimentos declarativos de memória, incluindo tarefas semânticas como aprendizagem verbal (6) e memórias episódicas como memória para material emocional (7). Dado que não é possível dormirmos antes de tentarmos aprender todas as novas informações, é um alívio, embora talvez não seja surpreendente, que o sono não seja *necessário* para que a codificação bem-sucedida de novos materiais seja lembrada, mas a evidência certamente sugere que o sono pode aumentar a eficácia da codificação e, portanto, a subsequente recordação da memória.

Para a fase de consolidação da memória no processo, com o sono na fase pós-treino (percolação), a história é um pouco mais complexa. Pesquisas sobre o efeito de dormir mal na memória processual têm mostrado consistentemente um benefício do sono, enquanto o efeito do sono na consolidação da memória declarativa é menos claro. Acrescente a essa complexidade o padrão de mudanças na arquitetura do sono encontrado na fase do pós-treino em alguns estudos, e como isso se relaciona à memória e aprendizagem. Embora a ciência, tal como a vida, nunca seja simples, existem, no entanto, algumas mensagens-chave que podem ser extraídas do crescente corpo de investigação sobre o efeito do sono na consolidação da memória.

Alguns pesquisadores acreditam que aspectos do processo de consolidação podem ocorrer *somente* após o sono, e alguns entendem que o sono é um processo benéfico, mas *não* necessário, na consolidação de traços de memória no cérebro, mas a maioria concorda que há uma vasta literatura demonstrando a relação entre o sono e a consolidação de memórias processuais (8), ou memórias com um elemento processual significativo, como a aprendizagem da segunda língua (2). De fato, a literatura também sugere que não é apenas o sono per se, mas o sono REM, que é particularmente importante para o aprendizado efetivo das tarefas processuais. Pesquisadores descobriram que a quantidade desse tipo de sono após a aprendizagem das tarefas de memória procedimental previa melhorias na tarefa, com maior sono REM relacionado a maiores melhorias (9), e que privar os indivíduos dos dois últimos episódios de REM em uma noite de sono pós-aprendizagem (sim, isso significa despertá-los!) reduziu o desempenho em uma tarefa de memória mesmo quando foram testados uma semana depois! Por outro lado, os pesquisadores encontraram um aumento de 19 a 21 por cento no desempenho motor após apenas uma noite de sono, seja diretamente após o treinamento na tarefa ou até doze horas após o treinamento (3). Para aqueles de nós que regularmente precisam aprender novas habilidades motoras no trabalho (a maioria desenvolve isso com mais frequência do que podemos pensar), seja para lidar com um novo procedimento na fábrica, aprender uma nova técnica cirúrgica ou receber uma nova tecnologia no local de trabalho, estes resultados são particularmente convincentes.

Para a memória declarativa, que é o nosso "diário" ou a nossa "enciclopédia", a investigação sobre a relação entre sono e consolidação da memória tem sido menos consistente. Alguns investigadores, como Matthew Walker, da Universidade da Califórnia, Berkley, citam provas convincentes de que o sono rico em SWS conduz a um melhor desempenho nas tarefas declarativas da memória (3), enquanto outros acreditam que atualmente não há provas suficientes para assumir que o sono, embora beneficie a memória declarativa na fase de consolidação, o faz por meio de qualquer processo que seja exclusivo do próprio sono. Em vez disso, esses pesquisadores acreditam que o sono beneficia a consolidação das memórias relacionadas ao nosso "diário" (episódica) e à nossa memória "enciclopédia" (semântica) apenas pela falta de interferência e distração quando o indivíduo está dormindo (10). Pode ser difícil separar o benefício na consolidação da memória da passagem do tempo, ou o benefício da falta de interferência e distração, versus o benefício específico do sono (embora alguns pesquisadores tenham tentado fazer isso), e argumentar, categoricamente, que isso é algo inerentemente único ao sono, que é o fator crítico, mas isso realmente importa? De uma perspectiva puramente pragmática, se o sono é "especial" na forma como melhora o desempenho da consolidação da memória ou se o sono nos dá tempo livre de distrações para consolidar memórias de maneira mais eficaz, a mensagem fundamental é a mesma – bom sono após a codificação e antes da recordação (talvez com foco em REM e SWS) pode melhorar a memória, seja a memória para fatos e números, seja a memória para eventos pessoais ou para habilidades e tarefas.

Portanto, talvez tenhamos chegado ao fim do ciclo – 150 anos de investigação sobre a memória mostraram que existe uma forte relação positiva entre sono e memória, com um melhor desempenho da memória após o sono. Podemos mergulhar na literatura da memória e do sono para entender *como* ele afeta a memória, e podemos buscar entender se *todas* as memórias são afetadas da mesma maneira, e *quais* aspectos do sono são necessários para aprimorar, mas de um ponto de vista prático, a mensagem é clara – boa qualidade e quantidade de sono podem melhorar o desempenho da memória, e se a memória não só permite que você realize seu trabalho de forma mais eficaz, mas também garanta que possa encontrar seu caminho do trabalho para casa à noite, e molde sua própria identidade como humano, focar na melhoria do sono pode ser um investimento valioso.

2
A NOITE É BOA CONSELHEIRA? – SONO E TOMADA DE DECISÕES

Em 28 de janeiro de 1986, o ônibus espacial Challenger da NASA explodiu cerca de 73 segundos depois de lançado, causando a morte de todos os seus sete tripulantes, incluindo cinco astronautas da NASA e dois civis especialistas em carga útil (1). No mesmo ano, um relatório oficial da Comissão Presidencial dos Estados Unidos salientou os erros de tomada de decisão cometidos por indivíduos-chave, erros esses que foram cometidos em resultado da privação do sono e do trabalho por turnos nas primeiras horas da manhã (2). A significativa falta de sono sofrida pelos líderes seniores do Marshall Space Flight Centre antes da teleconferência crítica com a Morton-Thiokol, empresa de engenharia que construiu os lançadores de foguetes auxiliares de combustível sólido, levou o relatório a afirmar que a decisão de lançar o ônibus "deveria ter sido baseada em julgamentos de engenharia. No entanto, outros fatores podem ter impedido ou evitado uma comunicação e um intercâmbio de informações eficazes" (3). Na teleconferência, onde esses julgamentos de engenharia foram necessários, os gerentes da Thiokol e a equipe da NASA discutiram os efeitos anteriormente relatados do frio nos O-rings (parte dos foguetes auxiliares), e ainda assim, mesmo com uma forte geada esperada para a manhã seguinte, decidiu-se não atrasar o lançamento. Esta decisão foi tomada quando certos funcionários importantes tiveram menos de duas horas de sono na noite anterior e estavam no turno desde uma hora da manhã do mesmo dia, o que levou o relatório a afirmar que o efeito sobre a gerência dos horários de trabalho irregulares e de sono insuficiente (4) "pode ter contribuído significativamente para a atmosfera da teleconferência em Marshall" e que "trabalhar horas excessivas, embora admirável, levanta sérias questões quando compromete o desempenho profissional, especialmente quando decisões críticas de gestão estão em jogo" (3).

Em 2001, Rolf Larsen, da Academia Militar Norueguesa, realizou uma pesquisa sobre estudantes militares (cadetes) que estavam em um curso de treinamento. Esses indivíduos, como parte do seu treino, tinham passado quatro noites sem dormir, e durante a quinta noite, novamente sem dormir, foram colocados numa situação em que lhes foi pedido que completassem um exercício de treino com armas de fogo reais, tendo-lhes sido dadas munições e uma arma de fogo. Sua tarefa era realizar um ataque no escuro, com munição de verdade, em um acampamento, que incluía uma fogueira, tendas e bonecos realistas que foram posicionados sentados e em pé ao redor do acampamento. Em exercícios anteriores, os cadetes tinham sido obrigados a disparar em manequins semelhantes; no entanto, sem que soubessem, nesse exercício, os manequins foram substituídos por humanos reais, a munição "de verdade" foi secretamente substituída por balas vazias, e o mecanismo de disparo das armas foi removido.

Dos 44 cadetes do curso de treinamento, quantos você acha que dispararam sua arma, acreditando que as munições eram reais, e sem saber que sua arma tinha sido adulterada para evitar o disparo? 26 cadetes do exército abriram fogo, várias vezes, tornando-se cada vez mais frustrados pelo "mau funcionamento" das armas (não sabendo que o mecanismo de disparo tinha sido removido). Quinze dos que dispararam relataram não ter visto nada de anormal na área alvo, possivelmente devido à pouca atenção e à acuidade visual reduzida causada pela privação aguda do sono, mas talvez mais surpreendente (ou talvez não tão surpreendente, dado o que sabemos agora sobre privação do sono e tomada de decisões), onze dos cadetes do exército que puxaram o gatilho admitiram que tinham notado "movimentos" ou "humanos reais" nas áreas de disparo, e seis deles expressaram dúvidas ou inseguranças sobre atirar ou não. Ainda, esses onze cadetes seguiram ordens e descarregaram a arma. Após cinco noites de privação total de sono, 59 por cento dos estagiários do exército dispararam, o que acreditavam ser munições reais, contra alvos humanos vivos (5).

No âmbito empresarial, poucos, se é que algum de nós é responsável pelas decisões relativas ao lançamento de astronautas no espaço, e duvido bastante que muitos de nós sejam obrigados a usar armas de fogo no trabalho após cinco noites consecutivas de privação total do sono, no entanto, sejamos sinceros, muitos de nós *estão* tomando decisões que podem afetar a saúde e o bem-estar dos indivíduos todos os dias, e podem fazê-lo com má qualidade ou quantidade de sono, quer esta seja agudo ou crônico. Por exemplo, pense em cada vez que tomou a decisão de conduzir o seu carro quando esteve cansado. A investigação revelou que os acidentes de carro isolados, em que a causa é adormecer ao volante, são mais comuns entre meia-noite e sete da manhã, com um pico entre uma e quatro da manhã, o tempo correspondente ao maior período de sonolência (6 e 7). Pense em trabalhar na fábrica, operar uma empilhadeira ou até mesmo reunir-se com um encarregado que queira discutir um assunto pessoal com você. Cada um desses cenários requer que você tome uma decisão ou uma série de decisões, cujas consequências podem afetar a saúde e o bem-estar das pessoas a sua volta. Tão importante quanto isso, não são necessárias cinco noites de privação de sono para que essas decisões sejam afetadas. O pessoal envolvido no lançamento da Challenger operava com sono reduzido, mas certamente não ao nível observado nos estudos de privação de sono militar. Na verdade, basta apenas *uma noite* sem dormir para que a tomada de decisão seja negativamente impactada.

Em 1995, foi realizado um estudo com anestesistas de plantão, após apenas uma noite de perda de sono (esses médicos relataram ter tido menos de trinta minutos de sono durante seu turno noturno). Após essa noite de sono insuficiente, os anestesistas foram significativamente menos inovadores no seu raciocínio (8). Ou seja, quando lhes era pedido, numa decisão impulsiva, que utilizassem uma abordagem nova e flexível para resolver um problema, a falta de sono prejudicava sua capacidade de serem inovadores na tomada de decisões. No entanto, quando médicos e estudantes de medicina privados de sono receberam uma tarefa rotineira ou familiar, que era compreender artigos detalhados e extensos de revistas médicas (tarefa que pode levar muitos de nós a adormecer!), eles a completaram sem qualquer redução no desempenho, apesar de terem que assimilar grandes volumes de informações complexas; a tarefa não era sensível a uma noite de perda de sono (10). Quando uma operação está indo de acordo com o plano, então um médico pode não ser obrigado a ser inovador. Na realidade, espero que isso seja ativamente desencorajado. No entanto, o que acontece quando um procedimento ou diagnóstico médico não sai de acordo com o planejado, e as medidas habituais experimentadas e testadas que um médico tentaria falham? É aqui que a inovação, o pensamento flexível e a criatividade médica podem realmente ser necessários.

Essas descobertas começam a destacar dois aspectos importantes da literatura sobre sono e tomada de decisão. Em primeiro lugar, como enfatiza Jim Horne, professor emérito do Laboratório do Sono da Universidade de Loughborough, é preciso apenas uma noite sem sono para afetar fundamentalmente tipos específicos de decisões e processos cognitivos particulares que são usados na tomada de decisões no mundo real (9). Uma noite sem dormir porque você estava cuidando de uma criança doente, ou uma noite sem dormir porque estava terminando um relatório, ou em múltiplas teleconferências com sua equipe geograficamente dispersa, pode ter um impacto negativo na qualidade das decisões que está tomando, independentemente de sua experiência técnica, seu conjunto de habilidades e treinamento ou seu equipamento de alta tecnologia. Em segundo lugar, há aspectos específicos do processo decisório e tipos específicos de decisões que são particularmente afetados.

Se pensarmos no tipo de decisões tomadas todos os dias num ambiente de negócios, podemos identificar três categorias principais. A primeira abrange decisões que são muito rotineiras: decisões chatas, monótonas, de tipo relativamente automático, que são altamente aprendidas. Decisões que tomamos todos os dias e talvez nem as consideremos como decisões porque as tomamos tão rapidamente, e de forma tão automática, sem qualquer pensamento realmente focado nelas. O segundo grupo de decisões é durante tarefas complexas, em que coletamos e processamos grandes quantidades de informação, mas a abordagem e a decisão são relativamente baseadas em regras, e envolvem o que é conhecido como pensamento convergente baseado em nossas experiências anteriores do que funcionou no passado. Os testes do tipo QI enquadram-se nessa categoria, e outros exemplos incluem a elaboração de um relatório de orçamento trimestral ou a reparação de uma peça de maquinaria defeituosa. Finalmente, o terceiro tipo de decisão tomada em um ambiente de negócios é aquele que depende forte ou exclusivamente do pensamento divergente. Ou seja, decisões que necessitam de um elevado nível de criatividade, de inovação e de flexibilidade de raciocínio, em que nunca vivemos a situação antes e por isso não podemos usar conhecimentos prévios, ou, talvez, não se devem basear em experiências anteriores porque a situação é nova e requer uma abordagem diferente. Esses tipos de decisões são extremamente comuns durante crises e acontecimentos imprevisíveis (10) e constituem frequentemente desafios importantes (em termos de bem-estar humano ou de consequências financeiras). Vale a pena enfatizar aqui que esses tipos de decisões são suscetíveis de se tornar comuns à medida que os indivíduos assumem cargos mais altos nas organizações. Os líderes seniores, trabalhando em um mundo cada vez mais, volátil, incerto, complexo e ambíguo, VUCA (do inglês *volatile, uncertain, complex* e *ambiguous*), estão cada vez mais operando com pouca informação, cuja precisão pode ser difícil de determinar, sem nenhum "plano" de como fazer as coisas, e em um ambiente em rápida mudança. Em uma pesquisa recente, realizada com um colega da Ashridge Executive Education, descobrimos que esses líderes muito graduados, que podem muito bem ser confrontados com a necessidade de pensamentos divergentes com frequência, são aqueles que autodeclaram a menor quantidade de sono por noite (11).

Cada um desses diferentes tipos de tomada de decisão é usado todos os dias nos negócios, e cada um é afetado de uma forma ligeiramente diferente pelo sono insuficiente. A primeira categoria de decisões, aquelas que são altamente repetitivas, relativamente mundanas e que podem ser vistas como bastante entediantes, são *extremamente sensíveis* à perda do sono, pela própria razão de serem entediantes e mundanas. Isso pode ser surpreendente, dado que podemos perceber que quando estamos cansados é esse tipo de decisão em que podemos confiar porque não requer muito esforço cognitivo. No entanto, quando ficamos cansados e lutamos para encontrar motivação, estas tarefas que oferecem pouco entusiasmo ou engajamento são muitas vezes concluídas de forma precária, geralmente muito mais lenta do que o normal, com múltiplos erros (12). Se compararmos isso com o segundo tipo de decisão que comumente usamos na vida organizacional, o do pensamento convergente complexo, mas baseado em regras, essas decisões são muito mais firmes em face da privação de sono. Firmes, mas não infalíveis, com pesquisas demonstrando que leva até 36 horas ou mais de privação de sono antes que ocorram déficits perceptíveis (13). O que é interessante salientar aqui, no entanto, é que se essas decisões complexas e baseadas em regras forem usadas com muita frequência pelos indivíduos, e assim eventualmente se tornarem mais mundanas e altamente aprendidas, então as decisões tornam-se parte da primeira categoria e mais vulneráveis à perda do sono novamente. Para ambos os tipos de tarefas, no entanto, um grau de perda de sono tem sido contrabalançado pelo consumo de cafeína e por incentivos financeiros (14) ou completando a decisão como parte de um grupo (15), já que tanto a recompensa financeira quanto a interação social podem aumentar a motivação e, portanto, o engajamento na tarefa.

A categoria final de decisão, aquela com maior risco (e potencialmente maior recompensa), que pode ser comum (mas certamente não exclusiva) em líderes seniores, é um processo complexo com muitos componentes. Em cada nível desse processo há um perigo de que a privação de sono (lembre-se, apenas uma noite sem dormir) possa reduzir o desempenho. Essas reduções no desempenho podem ocorrer mesmo que você esteja motivado a executar, mesmo que todo o processo de tomada de decisão leve menos de dez minutos para ser concluído, e apesar dos riscos potencialmente elevados (14). Naturalmente, descrever os efeitos de uma tomada de decisão ruim nessas circunstâncias como "redução no desempenho" pode ser apropriado para estudos laboratoriais, mas subestima significativamente o impacto dessas más decisões no mundo real. Em 6 de janeiro de 1986, os operadores da mesa de controle do Centro Espacial Kennedy drenaram por engano dezoito mil libras de oxigênio líquido do ônibus espacial Columbia, cinco minutos antes do lançamento. O voo foi abortado apenas 31 segundos antes da descolagem, e somente porque o erro inicial levou a um erro secundário que foi detectado. Os operadores da mesa de controle são funcionários altamente inteligentes, altamente treinados, trabalhando em um ambiente altamente motivador, com altos riscos. No entanto, a fadiga do operador, por ter passado onze horas em seu terceiro turno noturno de doze horas, foi citada como "um dos principais fatores que contribuíram para este incidente" (16). Se forem necessários exemplos fora da NASA, tanto a catástrofe nuclear de 1979 da Three Mile Island (a mais grave nos Estados Unidos) como a de Chernobyl (a mais grave do mundo) são oficialmente reconhecidas como sendo causadas por erro humano na tomada de decisões e ações corretivas errôneas, e ambas ocorreram durante as primeiras horas da manhã (4h da manhã para a Three Mile Island e 1h23 para Chernobyl (2)).

Essa tomada de decisão, complexa e dinâmica, do mundo real, que requer um pensamento divergente, envolve múltiplos componentes, incluindo:

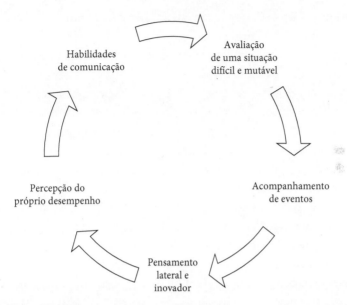

Figura 2.1 *O círculo do pensamento divergente.*

O primeiro passo no processo de tomada de decisão é a capacidade de concentrar a sua atenção na tarefa em mãos e evitar distrações. Sabemos pela pesquisa sobre tarefas lógicas, que as tarefas do tipo de pensamento convergente que assimilam ou recebem toda a informação não serão muito difíceis de serem realizadas com privação de uma noite de sono e, de fato, ainda pode ser possível com duas noites de sono insuficiente. No entanto, a privação do sono de apenas uma noite significa que podemos ter dificuldade em reter a atenção focalizada, tornando-se muito mais difícil evitar ou ignorar as distrações, quer sejam visuais ou auditivas. Embora haja poucas pesquisas que examinem porque o sono tem o efeito de tornar os indivíduos menos capazes de ignorar distrações aleatórias, tanto a neuropsicologia quanto a literatura sobre sono mostram um efeito concreto. Em 2008, Mathias Basner e seus colegas começaram a demonstrar o impacto dos turnos noturnos e da falta de sono sobre a atenção e a vigilância, em uma tarefa muito real – triagem de armas na bagagem do aeroporto. Os participantes desse experimento (baseado em laboratório para garantir que o estudo fosse concreto, mas projetado para refletir o ambiente de segurança do mundo real) foram solicitados a selecionar raios-x individuais de duzentas malas em cada sessão de teste, com 25 por cento das malas ocultando uma arma ou uma faca. Desses 25 por cento, alguns casos foram considerados fáceis e outros difíceis de detectar (determinados pelas outras "distrações" aleatórias na bagagem e nível de ocultação). Basner descobriu que o nível de detecção bem-sucedida da arma oculta diminuiu e o número de falsos alarmes aumentou tanto durante um turno noturno quanto após uma noite de perda de sono, com o desempenho geral relativamente constante até que os indivíduos estivessem acordados por dezesseis horas (imagine um longo dia de trabalho), após isso o desempenho de detecção se deteriorou rapidamente, com o pior desempenho às sete da manhã, após 23 horas acordados. Mesmo a taxa de detecção após a perda do sono sendo reduzida em pouco menos de quatro por cento, e os indivíduos dessa experiência não sendo profissionais treinados, o impacto disso, dimensionado para ter em conta o número de bagagens rastreadas na segurança aeroportuária em todo o mundo todos os anos (setecentos milhões só nos Estados Unidos em 2008), é vasto, e as consequências de uma faca ou arma perdida, potencialmente catastróficas (17).

O segundo aspecto do processo decisório divergente é a necessidade de acompanhar os acontecimentos. Se uma decisão for complexa, então você coletará informações, ou informações serão coletadas para você, e quando tiver esses dados, você tomará decisões sobre o que fazer a seguir. Você irá ignorar? Pedirá mais dados? Você age de acordo com a informação que tem naquele momento? As coisas estão mudando? Os dados são exatos? De que fontes provém a informação? Seja qual for a decisão, você precisará considerar as informações disponíveis e atualizar sua estratégia com base nisso. É essa atualização estratégica e acompanhamento de eventos que também é particularmente vulnerável à perda do sono. Numa situação em que as decisões baseadas em regras não são adequadas, em que um mais um pode não ser igual a dois, os indivíduos cansados muitas vezes não conseguem atualizar as suas decisões estratégicas com base na informação e, em vez disso, recorrem a métodos "experimentados e testados", não revendo as suas estratégias originais, apesar das novas provas de que estas soluções podem já não ser adequadas. Utilizam a "fixação funcional", um termo psicológico que significa que os indivíduos insistem em uma solução anterior, mesmo quando ela está claramente tornando-se infrutífera (14).

Essa fixação do conjunto relaciona-se fortemente com a falta de pensamento inovador e de flexibilidade cognitiva, a próxima etapa crítica do processo. Se não podemos confiar em estratégias de sucesso anteriores, porque a situação é nova e exige algo novo, então precisamos adotar uma alternativa, uma abordagem mais inovadora. O fracasso aqui não é sobre a compreensão da nova informação (sabemos que tarefas complexas baseadas em regras podem ter um bom desempenho com perda de sono), é sobre abandonar uma solução excessivamente aprendida e baseada em regras, e usar a inovação e o pensamento lateral para fornecer uma solução mais relevante. Naturalmente, quando estamos fazendo escolhas entre estratégias, também precisamos avaliar o risco e antecipar as consequências, um componente crítico da tomada de decisão. Sabemos pela literatura que os indivíduos privados de sono se tornam menos preocupados com as consequências negativas de suas decisões quando confrontados com uma alta recompensa (18); eles se tornam menos avessos ao risco quando lidam com apostas altas – uma combinação potente.

Mas talvez nem tudo esteja perdido – se estivermos no meio da tempestade perfeita da privação do sono, cansados, e realizando o que está se tornando uma série de decisões muito ruins, então, como indivíduos altamente autoconscientes, podemos refletir sobre esse pobre desempenho, entender onde erramos e tomar medidas corretivas (também conhecidas como mudar de ideia!). Não há problema, certo? Embora o impacto de uma decisão fora do laboratório possa não ser conhecido imediatamente, a autoconsciência, tanto da decisão em causa como da compreensão da necessidade de dormir, deve reduzir ou eliminar a repetição de erros. No entanto, a pesquisa descobriu que indivíduos privados de sono se tornam mais confiantes sobre decisões ambíguas ou vagas, e que mesmo quando 350 miligramas de cafeína (equivalente a aproximadamente três a quatro xícaras, configurado na literatura do sono como tendo um efeito positivo sobre algum desempenho) foram consumidos, houve apenas um pequeno efeito na melhoria da tarefa e nada aconteceu para melhorar a capacidade de um indivíduo de monitorar seu próprio desempenho (9). Essa falta de insight de desempenho pessoal é um ponto absolutamente crítico para o *business case* de dormir mais. Se indivíduos altamente treinados e altamente qualificados estão tomando decisões ruins e tendo pouca percepção para corrigi-las, mesmo quando há evidências claras de que as decisões estão falhando, as ramificações, sejam elas econômicas ou humanas, são significativas. Nos negócios, confiamos particularmente nos níveis superiores, não apenas na competência técnica, mas num elevado nível de autoconsciência e autorreflexão, comportamentos que podem ser particularmente vulneráveis.

Por último, após a decisão ou decisões terem sido tomadas, estas devem ser comunicadas às pessoas que são obrigadas a agir com base na decisão e às que podem ser afetadas pelas consequências. As habilidades de comunicação também são críticas nas etapas anteriores do processo de tomada de decisão; se as habilidades de comunicação forem fracas, então é provável que as informações solicitadas também possam ser imprecisas ou incorretas. Já na década de 1950, estudos do sono constataram que as habilidades de comunicação de alto nível eram vulneráveis à falta do sono (19) e, em 1994, um estudo realizado por Kelly Neville e seus colegas da Administração Federal de Aviação dos Estados Unidos relatou mais erros de comunicação com maior restrição do sono entre a tripulação militar americana que estava participando da operação Desert Storm (20).

Então por que isso acontece? Por que tarefas complexas que são baseadas em regras e requerem coisas como QI, lógica e pensamento convergente são relativamente insensíveis ao sono insuficiente, mas o tipo de decisões que são mais comuns no ambiente de negócios, que requer pensamento divergente, flexível e fluido, são realmente sensíveis à falta de sono? Ao contrário das decisões baseadas em regras, aquelas que requerem pensamentos divergentes dependem muito do córtex pré-frontal do cérebro, e esta é a chave. As tarefas que dependem do córtex pré-frontal são especialmente vulneráveis aos efeitos do mau sono. Essa região, que é cerca de trinta por cento da massa total do cérebro (14), é a sua área mais exigida quando um indivíduo está acordado, e entende-se que o sono é uma forma fundamental para sua recuperação. O córtex pré-frontal é crítico para o desempenho de uma série de tarefas e comportamentos conhecidos como "funções executivas"; aqueles aspectos do comportamento que se tornam mais frequentemente exigidos em cargos mais altos dentro das organizações. Esses comportamentos incluem atenção, linguagem, habilidades de comunicação de alto nível e memória, bem como pensamento e tomada de decisão divergentes. Estudos recentes usando imagens de ressonância magnética funcional, fMRI (do inglês, *functional magnetic resonance imaging*) mostraram que as reduções nas funções executivas com perda de sono estão relacionadas à redução da atividade neural no córtex pré-frontal (21). Além disso, pesquisadores descobriram que indivíduos com privação de sono apresentam alterações em seu circuito cerebral durante a tomada de decisões arriscadas que podem levá-los a focar em ganhos esperados, ao mesmo tempo em que minimizam seu foco em perdas potenciais (21).

Libedinsky e seus colegas, em 2011, após a realização de um estudo sobre o efeito da perda de sono na tomada de decisão, concluíram que "mesmo uma única noite de privação total de sono pode ter efeitos dramáticos na tomada de decisão econômica" (23). Considerando os desastres de Challenger, Three Mile Island e Chernobyl, e o quase desastre de Columbia, as consequências são mais abrangentes. No entanto, mesmo que baseemos nossa conclusão na vida organizacional longe do mundo dos reatores nucleares e astronautas, um resumo do impacto da falta de sono em todos os aspectos do processo de tomada de decisão, feito por Jim Horne, fornece uma razão convincente para refletir sobre como suas decisões podem ser tomadas. Ele observa que se você está em um processo de tomada de decisão que envolve pensamentos divergentes, passa então a ficar suscetível a distrair-se com trivialidades, perde a noção de quando e o que foi dito recentemente, tem dificuldade em encontrar as palavras mais diplomáticas para expressar seu ponto de vista, torna-se mais desconfiado e falha em detectar mudanças sutis na expressão facial e emocional dos outros, torna-se mais propenso a interpretar mal a perspectiva de outras pessoas e menos capaz de negociar (10) – e não se esqueça de que, além de tudo isso, sua capacidade de refletir e compreender seu próprio comportamento pode já estar reduzida devido à sua privação de sono!

3
ALGO QUE SONHEI – SONO E CRIATIVIDADE

Como se define a criatividade? O que significa ser criativo? É muito fácil pensar em indivíduos altamente criativos, sejam eles pessoas famosas ou aqueles que conhecemos pessoalmente, mas definir criatividade é realmente muito difícil. A menos que você *seja* criativo, nesse caso provavelmente está achando tudo isso muito fácil! Da mesma forma, pode ser difícil ver por que a criatividade é importante em um ambiente de negócios se não estiver trabalhando em uma indústria criativa ou em um papel que tenha a criatividade como aspecto central. Por que os gerentes de nível médio precisam ser criativos? Por que é importante que contadores, assistentes sociais ou analistas de inteligência protejam seu sono para que sua criatividade não sofra?

A ligação entre criatividade e sono tem sido tema de discussão há centenas de anos, com uma vasta quantidade de evidências anedóticas citadas, particularmente em torno da relação entre criatividade e sonhar. Por exemplo, afirma-se que Robert Louis Stevenson criou o enredo de *O médico e o monstro* durante um sonho e que o

Frankenstein de Mary Shelley foi inspirado por um sonho na casa de campo de Lord Byron. Se passarmos das atividades criativas para a ciência, a ligação entre sonhar e dormir ainda é forte. Os sonhos de August Kekule levaram à noção de uma estrutura simples para o benzeno, um produto químico presente no alcatrão de carvão e gasolina (1), os de Niels Bohr, que consistia dele sentado no sol com os planetas zunindo em sua volta, presos por pequenas cordas, levaram ao desenvolvimento do modelo do átomo (2) e os de Dmitri Mendeleyev lhe permitiram criar a tabela periódica de elementos (1). Supostamente, Mendeleyev, depois de três noites sem dormir, adormeceu em sua mesa e experimentou sonhos muito vívidos, e durante esses sonhos, a ideia da tabela periódica, uma forma de agrupar os elementos baseados no peso atômico que fazia sentido tanto para cientistas quanto para leigos, veio até ele (3).

Dentro de um ambiente de negócios, a criatividade é expressa, não por meio das artes visuais, ou da poesia ou composição da música, mas por meio desse momento "eureca" (embora muitas vezes não seja tão dramático como isso). A percepção, ou a capacidade de pegar pedaços de informação ou dados já existentes e combiná-los de maneiras novas e inovadoras (para "juntar os pontos") que, em última análise, levam a uma maior compreensão de um problema e, potencialmente, a novas formas de se comportar (1) é fundamental para a eficácia organizacional. Por exemplo, o pensamento estratégico depende criticamente do insight e da capacidade de ver o quadro geral, mas para ser justo, qualquer papel organizacional que exige que os indivíduos gerem ideias e soluções, seja em relação a pessoas ou processos também depende. O insight, como sonhar, é uma área na qual o folclore oferece conselhos; esse "pensar um pouco mais" trará uma solução. A implicação é que se uma pessoa deixa de procurar ativamente uma solução, e em vez disso revisita o problema depois de uma noite de boa qualidade e quantidade de sono, ela vai ganhar uma nova visão, e, como é muitas vezes o caso dos contos tradicionais, ela contém mais do que um elemento de verdade.

Numa experiência de laboratório, Ullrich Wagner e seus colegas na Alemanha, em 2004, pediram aos participantes que resolvessem um quebra-cabeça matemático. Sim, a ironia não se perde, os estudos que examinam a relação entre sono e criatividade são frequentemente realizados em laboratório. Se há uma maneira certa de impedir dramaticamente o processo criativo no mundo real é seguir constantemente alguém com um notebook ou computador, esperando que o processo criativo "surja", daí a dependência de estudos baseados em laboratório. De volta a Wagner e seus enigmas matemáticos – os participantes foram treinados em um dia e testados no dia seguinte. Alguns indivíduos foram convidados a dormir entre o treinamento e o teste, enquanto outros não. Notavelmente, o estudo descobriu que dos indivíduos que dormiram à noite, no dia seguinte quase sessenta por cento deles conseguiram ver uma regra oculta para resolver o quebra-cabeças matemático, enquanto apenas 25 por cento dos que não dormiram obtiveram o mesmo nível de percepção. Essa regra esteve presente durante a sessão de treinamento, mas os participantes não perceberam, e ainda assim quase sessenta por cento dos indivíduos que tinham "dormido com o problema" identificaram a solução de atalho, mais do que o dobro dos que não dormiram. Isso apesar de nenhum dos participantes estar ciente de que havia um atalho para encontrar em primeiro lugar! O que é realmente importante nesse estudo é que essa experiência foi muito bem concebida, com uma série de controles implementados, para que o pior desempenho não pudesse ser atribuído à fadiga, que os participantes trabalhassem contra os seus ritmos circadianos naturais, ou na verdade, quaisquer benefícios proativos do sono na conclusão subsequente do quebra-cabeça. O insight, uma abordagem criativa do problema, foi resultado direto do sono, ou dos processos que ocorreram durante o sono (4). Então, o que isso significa num ambiente de negócios? Se uma noite de boa qualidade e quantidade de sono pode mais do que dobrar o número de pessoas que notam um problema, então a importância é clara. Por que ter 25 por cento da seleção principal pensando estrategicamente, quando apenas uma noite de sono pode aumentar esse cenário para sessenta por cento da equipe?

A explicação fisiológica do motivo pelo qual o período do sono nos permite ter um insight, entender todos os aspectos aparentemente desconexos do comportamento, ou informação, e ver algo que não era aparentemente óbvio antes, está relacionada à região do cérebro chamada hipocampo. Ele mantém temporariamente memórias antes de serem armazenadas em diferentes áreas do cérebro. Pense nisso um pouco como uma estante de livros da biblioteca de memórias, guardando todas as memórias até que seja decidido pelo bibliotecário, onde cada memória deve ser "guardada" dentro do cérebro. Durante o sono, o hipocampo "reproduz" essas memórias (o bibliotecário percorre o livro para ajudar na catalogação), repetindo todas as redes de memória no cérebro que foram desencadeadas durante o dia. À medida que estas memórias se repetem, o neocórtex no cérebro (bibliotecário chefe) "escuta" e começa a integrar esta informação no conhecimento preexistente – as memórias já existentes na sua cabeça (outros livros de biblioteca que são semelhantes, geralmente relacionados em termos de significado). Os cientistas do sono acreditam agora que é essa reestruturação da memória que prepara o cenário para o insight, tomando o conhecimento preexistente e mudando-o para incorporar a nova aprendizagem (4). Esse processo, na verdade, joga todas as cartas no ar e permite que as pessoas comecem a fazer essas conexões novas e perspicazes. Se mantivermos a analogia da biblioteca por apenas mais uma vez, é o equivalente a atirar cada página de cada livro para o ar juntas e ver onde elas pousam, de modo que páginas aparentemente desconexas em diferentes livros possam ser ligadas entre si.

Se não é realmente viável seguir as pessoas no trabalho, pontuando seus esforços em criatividade e insight, e então relacionando isso com o quanto dormiram na noite anterior, então como a criatividade é medida no laboratório para ter certeza de que está o mais próximo possível das situações do mundo real? Um dos principais testes que muitos estudos baseados em laboratório usam para medir o quão criativa uma pessoa pode ser tem o título atraente do Teste de Pensamento Criativo de Torrance, TTCT (em inglês *Torrance Test of Creative Thinking*). É uma bateria de testes muito inteligente que analisa a criatividade visual e verbal de várias formas. Quatro aspectos particulares da criatividade são medidos, e esses são componentes importantes do processo criativo, qualquer que seja o problema que requeira a solução criativa. O primeiro aspecto é a *fluência*. Ou seja, quantas respostas você pode gerar para uma determinada pergunta, com mais indivíduos criativos apresentando uma infinidade de soluções diferentes para o problema apresentado. Relacionado à fluência está a *flexibilidade*. Não se trata apenas de criar o volume de soluções agora, mas de quantas categorias diferentes de soluções são consideradas. Dessa forma, a fluência é sobre a quantidade de respostas, e a flexibilidade é sobre a amplitude dessas respostas. O terceiro aspecto é a *originalidade*, e o quarto é a *elaboração*. A originalidade é obviamente crítica para a criatividade, e a elaboração relaciona-se com a construção de uma solução a partir uma anterior. À medida que outras soluções são geradas, elas se tornam cada vez mais detalhadas e elaboradas, com cada ideia derivada da anterior, ou as ideias permanecem díspares e relativamente básicas? Essas quatro categorias não só mostram como a criatividade pode ser definida, como também ajudam a diferenciar entre criatividade e discernimento, e memória e tomada de decisão, embora todas estejam obviamente inextricavelmente ligadas, todas dependem fortemente do córtex frontal, e por isso são significativamente afetadas pelo mau sono.

Estudos experimentais demonstraram de forma convincente o benefício do sono em todos os quatro elementos básicos da criatividade visual e verbal (fluência, flexibilidade, originalidade e elaboração). Por exemplo, em 2011, Valeria Drago e pesquisadores dos departamentos de Neurologia e Psicologia na Itália e nos Estados Unidos utilizaram uma versão curta da TTCT para compreender a relação entre sono e criatividade em participantes saudáveis. Cada indivíduo foi convidado a frequentar um laboratório de sono durante três noites consecutivas. Os laboratórios do sono, embora não sejam lugares assustadores, não são familiares e, portanto, a primeira noite de um estudo do sono geralmente não é usada para coletar dados. Em vez disso, os participantes podem aclimatar-se ao ambiente, de modo que, nas noites seguintes, esperemos que o seu padrão de sono seja o mais próximo possível do normal num ambiente não doméstico. Após a noite de adaptação, os registros de polissonografia foram feitos nas noites dois e três, e os participantes também foram convidados a completar o teste de criatividade na manhã do dia dois ou na manhã do dia três. Para a parte verbal da TTCT, foi perguntado aos indivíduos: "Suponhamos que você pudesse andar no ar ou voar sem estar em um avião ou veículo similar. Que problemas isso pode criar? Enumere todos os que conseguir." Ou foi perguntado: "Suponhamos que um grande nevoeiro caia sobre a Terra e tudo o que pudéssemos ver das pessoas fossem os seus pés. O que aconteceria? Como isso mudaria a vida na Terra? Liste o máximo de ideias que puder." Para medir a criatividade visual, os participantes receberam primeiro um pedaço de papel com dois desenhos incompletos. Foram-lhes então concedidos três minutos para criarem desenhos significativos a partir das imagens incompletas, e para darem um título a sua "obra de arte". Na segunda tarefa visual, os indivíduos receberam uma folha de papel com nove triângulos isósceles ou nove pares de linhas retas impressas, e foi-lhes pedido que fizessem o maior número possível de figuras com essas linhas ou triângulos em três minutos, novamente dando a cada desenho um título (5).

Alguns de vocês, ao lerem a descrição desse estudo, podem muito bem-estar cheios de aversão, fazendo um lembrete na memória de nunca participar de um estudo de criatividade e resignando-se a ser para sempre um indivíduo não criativo. Outros, provavelmente já estão na internet procurando por uma oportunidade de participar de um estudo como este, ou talvez tenha pegado um pedaço de papel e começado a listar todos os problemas do mundo que podem ser criados se só conseguirmos ver os pés uns dos outros! Se você está canalizando sua criatividade interior ou não neste momento (e isso será parcialmente ditado por quanto sono teve ontem à noite!), é importante enfatizar aqui que, embora estas questões possam parecer muito distantes da vida organizacional, os paralelos estão certamente lá. Pensar no que poderia acontecer se pudéssemos andar no ar é basicamente o mesmo que perguntar o que poderia acontecer se lançássemos determinado produto. Ou o que poderia acontecer se fechássemos este departamento, ou se contratássemos esta pessoa, ou se reduzíssemos nosso orçamento aqui para aumentá-lo ali. Soluções criativas são muitas vezes uma parte crítica da vida organizacional, mesmo quando a questão está fundamentada em uma realidade mais mundana do que andar no ar.

Drago e seus colegas descobriram que a fluência e a flexibilidade estavam relacionadas positivamente ao sono no estágio 1 do NREM. Isso significa que quanto mais sono leve (estágio 1) um indivíduo tinha durante a noite, maior o volume de respostas e maior o número de categorias utilizadas para gerar essas respostas. Além disso, os pesquisadores também encontraram uma relação positiva entre sono profundo (estágio 4) e originalidade, e uma relação negativa entre sono REM e originalidade. Períodos mais longos de tempo em sono profundo levaram a uma solução mais original enquanto mais tempo no sono REM resultou em menos ideias originais (5).

Esses resultados mostram claramente que não só a criatividade é afetada pelo sono, mas também os diferentes elementos do processo criativo são influenciados por diferentes fases do ciclo do sono. Portanto, a qualidade do sono é tão importante como a quantidade. Sem sono leve você pode lutar para gerar mais de uma solução, ou as soluções que gera parecem notavelmente semelhantes, enquanto, se você não conseguir um sono profundo de boa qualidade, então talvez suas soluções não sejam particularmente originais, o que derrota o objeto da criatividade em primeiro lugar. Dada a importância do sono profundo para uma vasta gama de funções cognitivas, como a memória e a aprendizagem, a relação entre o sono profundo de onda lenta e a criatividade talvez não seja surpreendente. O que não é certo é que o sono leve do estágio 1 deva ser tão importante para a fluência e flexibilidade, embora tenha sido sugerido que a redução da norepinefrina, que ocorre durante o sono NREM, pode ser parcialmente responsável (5). A norepinefrina é uma das substâncias químicas produzidas quando os indivíduos se encontram numa situação que provoca estresse, sendo frequentemente referida como noradrenalina. Pesquisadores argumentam que o estresse, desencadeando um aumento na norepinefrina, causa alta excitação cortical e vigilância, e essa alta excitação pode reduzir ou suprimir a capacidade de fazer associações mais abstratas entre eventos ou dados. Afinal, se estamos preparando nosso corpo para estar apto para um estressor percebido (seja ele literal ou psicológico), então precisamos focar nossa atenção em ações concretas e tangíveis, em vez daqueles conceitos mais abstratos. Colocando de outra forma, se eu precisar fugir de um tigre, gostaria que meu cérebro me desse algumas informações bastante sólidas sobre o quão rápido correr e para onde correr. Eu não estou certa que seria particularmente útil se eu começasse a gerar soluções menos práticas para o meu problema, como "use um *hovercraft*" ou "coloque seu manto de invisibilidade". Pode ser criativo, mas não é prático. Com uma redução no estresse vem uma diminuição na excitação cortical, e, portanto, a capacidade de fazer associações incomuns e únicas (6). Durante o sono NREM há uma redução natural da norepinefrina, e talvez seja isso que realça certos aspectos do processo criativo (5).

É importante também considerar a relação negativa entre sono REM e originalidade, especialmente se nos referirmos ao início do capítulo e pensarmos sobre o poder do sonho de Robert Louis Stevenson e Dmitri Mendeleyev. Se o sono REM reduz a originalidade, isso significa que a ideia de *O médico e o monstro* ou a tabela periódica não era original? Descobrimos a plágio do século XIX? Não, claro que não, porque o importante aqui é que o sono REM é crítico para a criatividade, mas depende do tipo de tarefa para se *aumentar* ou *reduzir a* criatividade. Para Drago, o sucesso na tarefa de criatividade exigiu pensamento divergente, ou seja, pensar em uma variedade de soluções, muitas vezes de formas atípicas (5). Como sabemos a partir do capítulo sobre a tomada de decisões, o pensamento divergente depende fortemente dos lobos frontais do cérebro, aquelas áreas que são muito rapidamente afetadas por dormir mal. Em contraste, o pensamento convergente na literatura de tomada de decisão foi muitas vezes imune aos efeitos de dormir mal por até 36 horas de privação de sono, e possivelmente mais além. Esta distinção também é importante para a criatividade, uma vez que as tarefas que pedem aos participantes para serem tão criativos quanto possível, mas apenas identificar a melhor resposta possível, foram melhoradas pelo sono REM (7).

Para nossos autores e cientistas do século XIX, o sono REM aumentou sua criatividade, talvez devido à ocorrência de "erros de ligação".

Quando estamos acordados, o córtex pré-frontal ajuda a manter-nos focados na tarefa em mãos, selecionando informações aparentemente irrelevantes; se você é o tipo de pessoa que se distrai facilmente, culpe seu córtex pré-frontal por não trabalhar eficientemente! Quando estamos dormindo, o córtex pré-frontal deixa de agir como nossa "polícia do pensamento", e assim a informação pode ser reunida (ou amarrada) de formas desconhecidas, e a informação previamente descartada ou irrelevante pode esgueirar-se no passado de nosso córtex pré-frontal, geralmente vigilante. Além disso, o cortisol é aumentado durante o sono REM. A secreção de cortisol, seja quando estamos acordados ou dormindo, tem o efeito de "quebrar" memórias, dividindo-as em pedaços menores. Como a especialista em sono, Jessica Payne, professora associada de Psicologia da Universidade de Notre Dame, explica: "O cérebro não gosta da fragmentação, por isso tece narrativas, e isso, por sua vez, dá origem a um novo pensamento" (8).

Até aqui assumimos que qualidade e quantidade de sono são importantes para o processo criativo, mas e o cronotipo? A influência dos cronotipos, ou seja, se você é uma pessoa da manhã (cotovia) ou da noite (coruja), é pertinente, particularmente quando pensamos na pessoa criativa estereotipada, trabalhando até tarde da noite. São mais criativas as pessoas do tipo coruja, que gostam de trabalhar até tarde da noite, e depois dormir até tarde do dia? Há pouca pesquisa que tenha examinado isso em detalhe, mas os estudos recentes que foram conduzidos sugerem que pode haver alguma verdade nesse estereótipo. Em um trabalho de pesquisa sobre a criatividade verbal e visual em estudantes de graduação em arte e ciências sociais, Neta Ram-Vlasov e seus colegas, em 2016, constataram que a criatividade verbal estava associada a uma maior duração do sono, descobertas que se relacionam com o que já abordamos sobre a importância do sono para a criatividade. No entanto, eles também descobriram que uma maior criatividade verbal estava ligada ao tempo de sono posterior. Os alunos que demonstraram maiores níveis de criatividade verbal dormiram mais tempo, mas também dormiram mais tarde, eram "corujas" típicas. Isso é apoiado por outras pesquisas que encontraram características típicas de "coruja" nos indivíduos com altos níveis de criatividade verbal e visual. Indivíduos com tempo de sono precoce (cotovias) têm demonstrado usar menos imaginação e intuição, evitam conteúdos simbólicos e não concretos, demonstram menos inovação na procura e estão menos preparados para eventos novos do que indivíduos com tempo de sono tardio, "corujas" (10 e 11). Naturalmente, o que vale a pena enfatizar aqui é que esta associação é sobre o tempo de dormir. A pesquisa nos diz que quem dorme menos tende a ser menos criativo do que quem dorme mais (por isso a quantidade e a qualidade do sono são importantes), e assim as "corujas" são mais criativas apenas se forem capazes de ir para a cama tarde *e acordar* tarde; elas são capazes de manter um sono longo. As dificuldades surgem quando as pessoas com tendências naturais de "coruja", absorvidas pelo processo criativo, se deitam muito tarde, mas precisam acordar cedo na manhã seguinte para compromissos de trabalho. Nesse cenário, é provável que sejam menos criativas devido ao impacto do sono curto.

Talvez a descoberta mais interessante para Ram-Vlasov, no entanto, tenha sido que a criatividade visual foi *reforçada* pela *fraca* duração do sono. Você leu isso corretamente – os alunos que demonstraram os maiores níveis de criatividade visual foram aqueles que tiveram a pior qualidade de sono (9). Antes de decidir privar-se de sono para desenhar o logotipo perfeito da empresa, ou antes de decidir sobre o novo papel para as paredes do seu *lounge*, vale a pena considerar por que a criatividade visual pode se beneficiar de dormir mal. Os distúrbios do sono criaram e alteraram aspectos da percepção, como a disfunção do nervo óptico causada em pacientes com diagnóstico clínico de apneia do sono (que têm qualidade de sono muito ruim) (12). Os indivíduos, após uma privação significativa do sono, ou uma má qualidade dele durante um tempo, podem sofrer delírios, alucinações ou um estado de percepção alterada antes de se beneficiarem de níveis mais elevados de criatividade visual. Se você é um pintor que nunca deixa seu estúdio, que nunca tem que interagir com outro ser humano, nunca tem que dirigir seu carro ou ir ao trabalho, nunca tem que ir às compras, e tem comida entregue pronta, então talvez seja sustentável durante um curto período intenso de criatividade. E para nós, meros mortais, criatividade visual a que custo?

Finalmente, todos os estudos que consideramos até agora sugeriram que o que você precisa fazer é examinar um problema, ir para a cama pela quantidade certa de tempo e conseguir um sono de boa qualidade, enquanto espera que o sono faça sua magia, em termos de reorganização da memória e aprendizagem. De manhã, acordar e ter aquele momento eureca! Há, no entanto, um estudo recente que descobriu que não precisa esperar que esse processo ocorra passivamente enquanto está dormindo; na verdade, há algo que você pode fazer para acionar e encorajar ativamente o processo criativo. Pesquisadores do Instituto de Ciência Comportamental de Nijmegen, na Holanda, e da Harvard Business School, nos Estados Unidos, examinaram a relação entre sono e criatividade para ver se esse processo criativo poderia ser auxiliado por um cheiro ou odor. Os pesquisadores tiveram três grupos diferentes de participantes e, a todos eles, foi dada precisamente a mesma tarefa, foi pedido que assistissem a um vídeo de dez minutos sobre trabalho voluntário e foi feita a seguinte pergunta: "O que motiva as pessoas a fazer trabalho voluntário?" A pergunta pode ser aquela que alguns de vocês estão atualmente se questionando, e mostra que a criatividade não é apenas escrever poesia ou pintar paisagens, mas é pensar lateralmente e com originalidade em torno de problemas concretos de negócios. Foi dito a todos os participantes que, depois de uma noite de sono, seria pedido que apresentassem o máximo de soluções criativas possíveis na manhã seguinte, o mais tardar até as dez horas. Os participantes dormiam em casa, e assim, a qualquer momento que acordassem, precisavam entrar em um sistema informatizado e submeter todas as suas soluções, antes das dez horas (o equivalente a ter que elaborar seu plano de negócios para a primeira reunião do dia).

Quando os indivíduos estavam assistindo ao vídeo e respondendo à pergunta, dois dos três grupos foram expostos a um odor agradável (e um grupo não recebeu nenhum odor). Os participantes dos grupos dois e três não foram informados sobre o odor, mas ele era perceptível, e era um cheiro agradável de laranja e baunilha. Quando os participantes se deitaram naquela noite, o grupo um dormiu normalmente (o grupo que não estava exposto ao odor), e o grupo dois recebeu o mesmo cheiro em um difusor durante toda a noite, a aproximadamente três metros do travesseiro. O terceiro grupo também recebeu um difusor para usar durante toda a noite, mas a diferença crítica aqui foi que para esse grupo o odor ainda era agradável, mas diferente (tônico fresco) daquele a que tinham sido expostos durante o vídeo e pergunta (laranja e baunilha).

Os pesquisadores descobriram que a pontuação média de criatividade dos indivíduos foi maior para o grupo dois (mesmo cheiro durante a tarefa e o sono) do que para qualquer um dos outros dois grupos. Não só isso, quando lhes foi pedido que escolhessem a ideia mais criativa de todas as suas próprias soluções, os participantes do grupo dois (mesmo odor na tarefa e no sono) selecionaram mais frequentemente a ideia que era a mesma que foi decidida por um painel de juízes treinados. Isso significa que o processo criativo foi realçado por um odor agradável, mas não por um odor qualquer. O odor precisava ser o *mesmo* quando a tarefa estava sendo dada e durante o sono, e ao garantir isso, os pesquisadores influenciaram e aprimoraram ativamente o processo criativo (13).

Mentes cansadas geram ideias cansadas? Esperemos que, tendo lido as evidências nesse capítulo, você concorde que elas sugerem que sim, esse é o caso. Tanto a quantidade como a qualidade do sono são importantes para todos os aspectos do processo criativo, com a possível exceção da criatividade visual. Dado que, Einstein afirmou que "não podemos resolver um problema usando o mesmo tipo de pensamento usado quando o criamos", levar um problema para a cama pode apenas criar o pensamento diferente que precisávamos.

4

DOENTES E EXAUSTOS –
SONO E SAÚDE FÍSICA

Dado que o sono é essencial para a sobrevivência (1), não é um grande salto científico assumir então que a falta dele durante um período, seja uma redução do sono necessário para você ou um sono de má qualidade devido ao despertar várias vezes durante a noite, o fará adoecer. Sabemos que dormir mal muitas vezes nos faz *sentir* doentes (2), e se precisamos do sono para nos manter vivos, então dormir mal deve ter algum impacto físico sobre um indivíduo. É evidente que a resiliência física não se resume apenas ao sucesso pessoal no trabalho; uma força de trabalho resiliente tem um desempenho e produtividade superiores, melhor saúde e maior sucesso financeiro (3).

Para a conexão entre dormir mal e saúde física, há algumas boas e más notícias. Vamos começar pelas más. Clinicamente, a pressão arterial elevada (hipertensão), diabetes, outros distúrbios metabólicos e alguns cancros foram todos encontrados, em estudos amplos, realizados ao longo de muitos anos, como relacionados a dormir mal. De fato, em um grande número dessas investigações, os pesquisadores têm sido capazes de isolar o sono precário como *causa* dessas graves condições de saúde física. Há, no entanto, algumas boas notícias. Enquanto os efeitos de um sono ruim são quase imediatos para todas as funções executivas pesadas do córtex pré-frontal que discutimos nos capítulos anteriores, tais como memória, tomada de decisão, humor e criatividade, a maioria das doenças físicas relacionadas à quantidade e/ou qualidade do sono leva muito mais tempo para se mostrar, em geral muitos anos. Essa é a boa notícia. Isso significa que mudanças baseadas no sono agora *podem* fazer a diferença para a sua saúde física a longo prazo. De uma forma estranha, faz sentido começar esse capítulo pelo final – o fim real – a morte. Compreender a relação entre dormir mal e o que é conhecido como "mortalidade por todas as causas", um termo abrangente para designar a morte por todas as causas, ilustra a potencial gravidade do efeito de se dormir mal na saúde física. Nesses estudos, os pesquisadores não são capazes de afirmar que isso tem causado a morte subsequente dos indivíduos, mas o que eles são capazes de mostrar é uma relação muito forte entre más práticas de sono e mortalidade. Por exemplo, uma pesquisa em 2016 colheu dados de mais de quarenta estudos com 2.200.425 participantes e 271.507 mortes. Utilizando análise estatística complexa, os pesquisadores relataram que houve uma forte associação entre sono ruim e mortalidade por todas as causas. O achado realmente interessante neste estudo é que o sono ruim foi encontrado tanto na *longa* duração do sono (mais de 8 horas) quanto em *curta* (menos de 7 horas). Sim, para os efeitos de dormir mal sobre a saúde física, temos de considerar não só a redução da quantidade de sono, mas também os efeitos de dormir demais (e você pensou que dormir demais não existia!). No estudo de 2016, dormir mais de oito horas em qualquer período de 24 horas (como uma porção de oito horas à noite, ou seis horas à noite e um cochilo de duas horas, etc.) aumentou o risco de mortalidade, aqueles que dormem mais de dez horas em qualquer período de 24 horas são os que correm maior risco. Para quem dorme pouco, um sono de menos de sete horas à noite não estava relacionado à morte, mas se os indivíduos dormiam por menos de sete horas divididos em 24 horas, talvez como uma noite curta de sono (cinco horas) e um cochilo de uma hora à tarde, então seu risco de morte aumenta (4).

Dormir por mais de sete horas à noite, ou em qualquer período de 24 horas, estava relacionado a um risco aumentado de morte, e dormir por menos de sete horas em qualquer período de 24 horas (mas não à noite) também levou a um risco aumentado. Esta pesquisa, por mais dura que seja, é apoiada por uma variedade de outros estudos na área, todos os quais mostram que, neste caso, a longa duração do sono pode ser um risco maior do que a curta duração dele (5 e 6). Há, no entanto, alguns pontos muito importantes a enfatizar aqui. Em outras áreas da saúde física, como a hipertensão e as doenças cardiovasculares, os investigadores têm, em alguns casos, estado mais próximos de fazer alegações de causa e efeito. Devido ao vasto tamanho da amostra nesse estudo, coletado em mais de quarenta conjuntos de dados diferentes, com diferentes formas experimentais e participantes com uma variedade de outros problemas de saúde, os cientistas só podem reivindicar uma relação ou correlação entre sono curto e longo e morte subsequente. Este é um ponto crítico, porque uma correlação não implica causalidade. Um exemplo pode ajudar – há uma relação muito forte ou correlação entre as vendas de sorvete e o comprimento da saia.[1] Ou seja, à medida que as vendas de sorvetes no Reino Unido aumentam, o comprimento das saias da população britânica diminui. Não estou nem por um segundo sugerindo que a venda de sorvetes faz com que o comprimento das saias reduza, ou mesmo que as saias mais curtas aumentem as vendas; existe apenas uma relação entre os dois. Há um terceiro fator, a temperatura, que é responsável pelas vendas de sorvete e comprimento da saia. À medida que a temperatura aumenta, mais sorvetes são vendidos e as saias se encurtam. Voltando ao estudo de 2016, é importante considerar um terceiro fator, a depressão clínica, como contribuinte para a relação entre dormir mal e mortalidade (particularmente o sono longo), uma vez que existe um grande conjunto de evidências que demonstram que os indivíduos deprimidos têm frequentemente padrões e/ou duração do sono muito irregulares. É por isso que perguntas sobre padrões de sono são comuns em uma entrevista diagnóstica para depressão clínica.

Além disso, transtornos do sono, idade, sexo e outros problemas de saúde podem ser considerados terceiros fatores neste estudo.

Um segundo ponto importante a enfatizar é que, como discutido no primeiro capítulo deste livro, o sono é um fenômeno extremamente individual. Não existe tal coisa como a quantidade "ideal" de sono. O que é ideal para uma pessoa pode não ser para outra, e então, embora devamos apontar para o objetivo de sete a oito horas, isso pode variar de um indivíduo para outro. Você não deve usar isso como desculpa para não dormir o suficiente, mas isso significa, por exemplo, que se precisa dormir um pouco mais de oito horas por noite, e está saudável e feliz, então você provavelmente está tendo a quantidade certa de sono que precisa. Isso é fundamental de ser entendido, porque um capítulo sobre os efeitos físicos de dormir mal pode ser uma leitura assustadora e gerar um público leitor com insônia, preocupar-se em dormir mais (ou tentar dormir menos!), não é categoricamente o objetivo do capítulo. No entanto, mesmo que coloquemos de lado a potencial contribuição de outros fatores, incluindo depressão e variações individuais do sono natural, não devemos tentar escapar da seriedade da mensagem – a ligação entre sono curto e sono longo e morte subsequente.

A pesquisa sobre mortalidade por todas as causas e sobre sono longo e curto destaca não apenas a gravidade potencial da conexão entre os dois, mas também a importância da quantidade "certa" de sono, pois tanto o sono curto e longo potencialmente levam a sérios problemas de saúde física (por meio de fatores mediadores como depressão e saúde mental). A importância da longa e curta duração também está na vanguarda dos estudos que examinaram o efeito de dormir mal sobre a hipertensão arterial, clinicamente alta pressão arterial. A pressão arterial elevada persistente, que como guia geral pode ser definida como uma leitura de 140/90mmHg ou superior, tem demonstrado aumentar o risco de doenças graves e potencialmente fatais, como doenças cardíacas, ataques cardíacos, derrames, insuficiência cardíaca, doença arterial periférica, aneurismas da aorta, doença renal e demência vascular (7).

Existem várias formas de explorar a ligação entre a hipertensão e as más práticas de sono. Primeiro, há estudos experimentais, em que indivíduos saudáveis são privados de algum ou todo o sono por uma noite ou mais, e sua pressão arterial é registrada, tanto antes quanto depois da restrição do sono ou da fragmentação do sono (despertares múltiplos durante a noite). Há também outros estudos de longo prazo, em que os indivíduos são acompanhados durante longos períodos – oito a dez anos é bastante comum nesse tipo de estudo – para verificar se existe alguma relação entre o seu padrão de sono e a sua pressão arterial, particularmente qualquer desenvolvimento de hipertensão arterial. Finalmente, existem os chamados estudos transversais. São os que envolvem vários grupos de pessoas, como aqueles que podem ter um bom sono e os que podem ter um sono ruim (longo ou curto) para ver se há diferenças na pressão arterial entre eles. Da mesma forma, os pesquisadores poderiam tomar um grupo de pessoas com hipertensão e outro com pressão arterial normal (e possivelmente um com pressão arterial clinicamente baixa) para ver se estes grupos diferem em termos dos seus padrões de sono.

Em suma, não importa de que forma você olhe para a coleta de dados, há um caso forte e poderosamente convincente de dormir mal que contribui para a pressão arterial elevada a curto prazo (em estudos experimentais) e para a hipertensão arterial a médio e longo prazos (em estudos transversais e longitudinais). Por exemplo, em um resumo de dez estudos que investigaram a privação do sono da primeira metade da noite, da segunda metade da noite, da noite inteira ou mais de uma noite inteira (36 e 40 horas) em indivíduos saudáveis com pressão arterial dentro da faixa normal, cada estudo encontrou um aumento na pressão arterial, independentemente de como (e, até certo ponto, de quanto) a quantidade de sono foi reduzida. O efeito foi notado, não importa se houve uma noite inteira sem sono, ou apenas uma noite de sono parcial, tanto para os idosos como para os jovens, e para os participantes masculinos e femininos (8).

Naturalmente, uma noite mal dormida pode aumentar sua pressão arterial, mas se você dormir bem na noite seguinte, e na noite seguinte, e na noite seguinte, sua pressão arterial vai voltar ao seu nível habitual, com pouco ou nenhum efeito a longo prazo. Os estudos experimentais, no entanto, são uma indicação real do que pode acontecer. Se uma noite de sono interrompido pode aumentar a pressão arterial em até 7mmHg na manhã seguinte (9), então não é difícil ver o efeito cumulativo desse aumento ao longo do tempo.

Em uma grande peça transversal de pesquisa, chamada de Sleep Heart Health Study, foi detectado que pessoas com sonos curtos habituais (aquelas que normalmente dormiam por menos de cinco horas por noite) e longos habituais (mais de nove horas por noite) eram mais propensas a desenvolver hipertensão do que aquelas que dormiam entre sete e oito horas por noite.

O que é particularmente crítico neste estudo é que os pesquisadores queriam ir além da correlação entre sono e pressão arterial; eles pretendiam começar a atribuir uma relação de causa e efeito. Por meio de um procedimento estatístico, conseguiram demonstrar que essa relação entre hipertensão arterial e sonos longos e curtos ainda estava

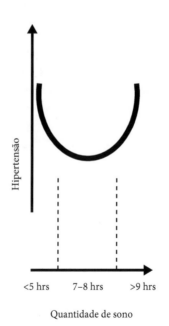

Figura 4.1 *Relação entre o risco de hipertensão e a duração do sono.*

presente, mesmo após a contabilização de outros fatores conhecidos por contribuírem para a hipertensão arterial. Esses fatores incluíram idade, sexo biológico, etnia, condições de sono existentes, como apneia do sono, índice de massa corporal (IMC), consumo de cafeína e álcool, tabagismo, sintomas de depressão, diabetes e doença cardiovascular. Vale a pena enfatizar que a alta incidência de hipertensão no grupo de sono curto e no de longo não se deveu ao fato desses grupos apresentarem maiores IMCs, ou porque mais pessoas nesses dois grupos fumavam, que aquelas com sono longo e as de curto tendem a ter maior taxa de doença cardiovascular ou estavam clinicamente deprimidas (o que pode ter sido o terceiro fator na pesquisa de mortalidade por todas as causas).

Mesmo que todos esses fatores fossem considerados, ainda existia uma forte relação entre sono curto e hipertensão, e entre sono longo e hipertensão arterial sistêmica (10). Em estudos longitudinais, aqueles em que os indivíduos são rastreados por um período significativo, o foco tem sido no efeito do sono curto, já que o sono longo parece ser menos importante nesses estudos. A Pesquisa Nacional de Saúde e Nutrição acompanhou 4.810 adultos ao longo de oito a dez anos, e constatou que as pessoas que dormiam menos de cinco horas por noite tinham maior incidência de hipertensão arterial, e um resumo de pesquisas longitudinais nesse campo concluiu que o sono habitual curto está associado à hipertensão, principalmente na meia-idade (11).

Embora seja impossível estar cem por cento confiante de que dormir mal causa hipertensão, a evidência é bastante esmagadora de que certamente há uma relação muito forte, e se um número significativo de outros possíveis fatores conhecidos por causar hipertensão for retirado da equação, o que mais resta? É certamente argumentado por muitos pesquisadores do sono que a exposição prolongada ao aumento da pressão arterial, e todas as respostas fisiológicas que a exposição pode desencadear, como o aumento da atividade do sistema nervoso simpático (fuga, luta ou paralisação de parte do sistema nervoso), ajudam a explicar a incidência de hipertensão arterial em indivíduos cronicamente privados do sono. A hipertensão arterial pode levar a condições graves e fatais.

Ontem à noite você trabalhou até tarde no escritório e depois novamente em casa, tentando terminar um relatório. Tinha que se levantar cedo para uma reunião, e agora é hora do almoço. Está cansado, e um pouco mal-humorado, apesar de suas três xícaras de café esta manhã (e talvez dois biscoitos também, apenas para energia, é claro!), e está muito, muito faminto. Trouxe a sua salada habitual de casa, que está na geladeira do escritório. Mas de alguma forma, hoje, não é isso que você quer. Então, para o almoço, pede uma comida para viagem, você realmente precisa de alguns carboidratos e um pouco de gordura saturada, e leva a salada para casa para comê-la no jantar. Chega em casa mais tarde naquela noite, depois de outro longo dia de trabalho, e vai para a cozinha. Está exausto, trabalhou duro o dia todo, você merece algo mais emocionante do que salada, então pede uma pizza e coloca a salada na geladeira para o almoço de amanhã. Isso parece familiar? Você pode não saber, mas acabou de experimentar a batalha de leptina contra a grelina no seu cérebro (no hipotálamo para ser exata). Uma batalha que muitas vezes é vencida pela grelina quando você está cansado.

A leptina e a grelina são dois hormônios que, em combinação, controlam o apetite e a regulação das reservas de gordura no corpo. A leptina, um hormônio adipocitário, regula o equilíbrio energético e inibe a fome quando se está cheio – é o hormônio da "saciedade". Em contraste, a grelina, o hormônio da "fome", sinaliza para o cérebro quando o estômago está vazio, aumentando o apetite. Em um indivíduo saudável, os dois hormônios, trabalhando em harmonia, garantem uma ingestão equilibrada de alimentos (a leptina ajuda a regular o tipo de alimento que comemos), e não comemos demais nem passamos fome. Nos indivíduos cansados, essa harmonia é perturbada, e a pesquisa descobriu que a curta duração do sono está associada a uma diminuição da leptina e a um aumento da grelina. O estudo da Wisconsin Sleep Cohort descobriu que, em mais de mil participantes, aqueles que foram relatados dormindo por cinco horas ou menos por noite tinham quinze por cento menos leptina e a mesma porcentagem mais de grelina do que aqueles que dormiram por oito horas, o que não pode ser explicado pelo IMC, idade ou sexo biológico, e não é resultado de um distúrbio do sono subjacente (12).

De forma semelhante às alterações na pressão arterial com sono insuficiente, os efeitos sobre a leptina e a grelina, ao longo de uma ou duas noites, são geralmente muito pouco preocupantes e vão se resolver rapidamente quando recuperar o sono. No entanto, o tamanho dessas alterações é semelhante ao observado em perfis que predizem o risco futuro de doenças cardiovasculares (12), o que significa que, embora as variações hormonais possam ser pequenas após apenas uma ou duas noites de sono curto, um sono ruim continuado pode levar a consequências mais graves para a saúde. O hábito de consumir comida para viagem algumas noites, a cada poucos meses, quando você está exausto, não vai, isoladamente, levar a problemas de longo prazo, mas a falta crônica de sono (neste caso, habitualmente menos de cinco horas por noite) pode levar a mudanças fundamentais no seu equilíbrio hormonal, relacionadas a preocupações físicas mais sérias. Pode ser um ganho de peso, pois os indivíduos que participaram do estudo de Wisconsin relatando dormir regularmente menos de 7,7 horas por noite tiveram um IMC aumentado em relação àqueles que dormiram por mais de 7,7 horas, mas também pode estar relacionado a condições endócrinas e metabólicas de longo prazo, como diabetes.

A diabetes tipo II, ou diabetes de início adulto, é a forma mais comum, representando entre 85 e 95 por cento de todos os indivíduos com diagnóstico da doença. Geralmente se desenvolve em pessoas com mais de quarenta anos de idade, mas pode ser identificada muito mais cedo e, dependendo da gravidade, é tratada com uma dieta saudável e exercício físico, ou também por prescrição de medicamentos e/ou insulina (13). Dada a ligação entre apenas uma ou duas noites de sono deficiente e a regulação do apetite hormonal, talvez não seja surpreendente que existam provas muito fortes que associem o sono deficiente a diabetes tipo II. Por exemplo, num estudo realizado ao longo de um período de quinze anos, que examinou a relação entre a duração do sono informada e a incidência desse tipo de diabetes, verificou-se que tanto os indivíduos com sono curto como os com sono longo apresentavam um risco significativamente maior de desenvolver diabetes na idade adulta. Essa relação em forma de "U", semelhante à encontrada em alguns dos estudos de hipertensão arterial sistêmica e mortalidade por todas as causas, classificou o sono curto em menos de seis horas por noite e o longo em mais de oito horas por noite. Assim como os estudos de hipertensão, esse risco permaneceu, mesmo quando fatores conhecidos por estarem relacionados a diabetes, como idade, hipertensão arterial, tabagismo, estado de saúde autorrelacionado e escolaridade foram contabilizados (14). Embora as explicações para a relação entre sono curto e diabetes tipo II incluam o ganho de peso e a leptina, bem como o efeito de outros hormônios, como os níveis elevados de cortisol (o hormônio do estresse aumenta com a redução da quantidade de sono) à noite, que criam resistência à insulina (15), os mecanismos biológicos para explicar a relação entre sono longo e diabetes são menos bem compreendidos, embora a circunferência da cintura (não necessariamente o peso) e condições de sono, como alterações na respiração enquanto dorme, tenham sido sugeridos (14).

Num comunicado de imprensa de 5 de dezembro de 2007, o Centro Internacional de Investigação sobre o Câncer, que faz parte da Organização Mundial de Saúde (OMS), declarou: "Após uma análise e um debate aprofundados sobre as provas científicas publicadas, um grupo de trabalho de peritos, convocado pelo Centro Internacional de Investigação do Programa de Monografias do Câncer, concluiu que o trabalho por turnos que envolve perturbações circadianas é provavelmente cancerígeno para o ser humano." (16). A Organização Mundial de Saúde classificou o trabalho por turnos que envolve a interrupção do sono como causador de câncer. Embora eu discuta isso em mais detalhes no capítulo sobre trabalho por turnos e *jet lag*, o ponto a ser enfatizado aqui é a ligação entre interrupção do sono e o câncer. A OMS observou especificamente que não é *todo* trabalho por turnos que causa câncer, apenas aquele que "envolve a ruptura circadiana" e, portanto, a ligação crítica entre o trabalho por turnos e o câncer é o sono deficiente. No entanto, embora o trabalho noturno tenha sido associado a riscos acrescidos de múltiplos tipos de câncer, o que levou à declaração da OMS (ver o capítulo sobre o *jet lag* e o trabalho por turnos), a relação entre sono precário e uma variedade de tipos de câncer na população ativa que não trabalha por turnos é, na melhor das hipóteses, muito pouco clara, e a maioria dos resultados são frequentemente contraditórios ou inconclusivos. Isto deve-se, em parte, à vasta gama de tipos de câncer e também à multiplicidade de fatores que podem predispor alguém a desenvolver a doença, bem como a considerações de saúde e ambientais. Existe uma relação muito forte e convincente entre dormir mal e alguns tipos de câncer, mas esta é predominantemente nos indivíduos que trabalham em turnos noturnos há vários anos, e essa questão será discutida no capítulo sobre *jet lag* e trabalho por turnos.

Embora não seja tão grave em termos de impacto pessoal e risco para a saúde, o resfriado comum custa à economia dos EUA entre 25 e 40 bilhões de dólares por ano, financeiramente, mais do que a asma, insuficiência cardíaca ou enfisema (17). O efeito do resfriado comum na vida organizacional é vasto, e pesquisas que mostram a ligação entre dormir e suscetibilidade a infecções também ilustram muito claramente que não são apenas doenças crônicas de longo prazo que podem ser ligadas aos padrões de sono.

Em 2009, Sheldon Cohen e seus colegas nos Estados Unidos pagaram aos participantes oitocentos dólares para serem expostos ao vírus comum do resfriado. Durante duas semanas antes de os participantes chegarem ao laboratório, os pesquisadores pediram-lhes que preenchessem uma série de questionários para compreenderem os seus costumes habituais de sono. As perguntas relacionavam-se a quanto tempo o indivíduo dormiu, quanto tempo ele passou na cama versus quanto desse tempo foi passado dormindo (conhecido como eficiência do sono)[2] e como geralmente se sentia bem descansado. No primeiro dia de "quarentena" no laboratório, os participantes foram examinados clinicamente para garantir que não apresentavam sinais de infecção e, em seguida, receberam gotas nasais contendo uma alta concentração do vírus do resfriado comum, depois disso foram obrigados a permanecer no laboratório, sob condições de quarentena (para garantir que não contrairiam um vírus de outra fonte) por mais cinco dias. No final desses dias, verificou-se que os indivíduos que relataram baixa eficiência do sono e curta duração dele nos questionários preenchidos duas semanas antes de serem expostos ao vírus do resfriado tinham maior probabilidade de desenvolver a doença. Qual a probabilidade de desenvolver um resfriado? Os participantes que relataram estar dormindo menos de sete horas por noite foram quase três vezes mais propensos a desenvolver a infecção, em comparação com aqueles que dormem oito ou mais horas por noite. Em termos de eficiência do sono, menos de 92 por cento da eficiência significa que você tem 5,5 vezes mais probabilidade de desenvolver o resfriado, mas mesmo uma redução na eficiência entre dois e oito por cento (ou seja, gastar entre 10 e 28 minutos tentando adormecer para um sono de oito horas) leva a um risco 3,9 vezes maior. Não para por aí – esses resultados permaneceram mesmo quando fatores físicos, de personalidade e estilo de vida foram contabilizados, como IMC, etnia, renda, escolaridade, sexo biológico, estação de exposição ao resfriado, estresse percebido, status social percebido, estilo emocional positivo, extroversão, concordância, tabagismo, consumo de álcool e atividade física (18). Pequenas mudanças na duração do sono ou na eficiência do sono, em apenas algumas noites, podem levar a mudanças relacionadas à saúde, como aumento da pressão arterial, desequilíbrios na regulação do apetite e susceptibilidade à infecção. Sem alterações em seus padrões, o sono deficiente crônico pode levar a hipertensão, alterações do metabolismo e diabetes tipo II. Diz-se que Homero proclamou que "mesmo no que diz respeito ao sono, demasiado é uma coisa má" e, na relação entre saúde física e sono, a evidência sugere que esta é uma consideração importante. Não só o sono insuficiente, mas também o excessivo, estão ligados a problemas de saúde graves, e além, à mortalidade por todas as causas. O *business case* não poderia ser mais sério.

5

ACORDOU DO LADO ERRADO DA CAMA? – SONO E HUMOR

Em 2007, quando o presidente Bill Clinton foi entrevistado no programa de TV americana, Daily Show, ele discutiu sua teoria sobre como a relação entre sono e humor aparece na política dos EUA, "Você não tem ideia de quantos membros republicanos e democratas da Câmara e do Senado são cronicamente privados de sono por causa desse sistema. Sei que esta é uma teoria invulgar, mas acredito que a privação do sono tem muito a ver com algum nervosismo de Washington de hoje" (1).

O nervosismo pode ser uma característica do humor que aumenta com o mau sono, e mais amplamente do que isso, o humor negativo é um dos efeitos mais frequentemente citados dos problemas crônicos de sono e de curto prazo. Por exemplo, em 2016, realizei uma pesquisa com um colega da Ashridge Executive Education, analisando as consequências cognitivas, físicas, sociais e emocionais de dormir mal numa população ativa. Mais de mil pessoas ativas profissionalmente completaram a pesquisa e, dos 68 comportamentos listados, o efeito mais frequentemente reportado foi "sentir-se mais irritável", com 84 por cento dos participantes dizendo que era assim quando dormiam mal. 75 por cento referiram "sentir-se mais estressados", 69 por cento sentiram que "queriam ser deixados em paz", 62 por cento estavam "menos otimistas quanto ao seu futuro" e quase metade dos indivíduos referiram que estavam "menos atentos ao seu impacto nos outros" (2). Se dormir mal é tão frequentemente relatado como a causa do mau humor, e isso é apoiado pela pesquisa, o que vem em primeiro lugar, o sono insuficiente ou o mau humor? Estudos mostram, talvez não surpreendentemente, que esta relação é bidirecional; isto é, o sono influencia o humor, mas o humor também pode influenciar o sono subsequente. No entanto, em uma pesquisa examinando o humor relatado pelos participantes antes de adormecerem e no dia seguinte, e comparando isso com a quantidade de sono que cada pessoa experimentou durante a noite, os pesquisadores descobriram que o sono na noite anterior impactou o humor no dia seguinte muito mais do que o humor impactou o sono subsequente (3). De fato, o efeito de dormir mal sobre o humor é tão forte que, em uma revisão da literatura sobre a relação entre sono, capacidade cognitiva, habilidades motoras e humor, enquanto todos foram afetados pela privação de sono, houve um grande efeito desproporcional do sono insuficiente sobre humores e emoções (4).

O efeito dramático de dormir mal sobre o humor e a emoção[1] pode ser encontrado em uma grande variedade de estudos que abrangem o espectro de privação de sono. O humor de um indivíduo é tão sensível ao sono insuficiente que não só estudos com pessoas com sono insuficiente crônico e aquelas com uma noite de privação de sono ilustram claramente como o humor é influenciado por ele, também há pesquisas que demonstram o efeito após apenas uma semana de sono mais curto do que o normal, com os efeitos negativos no humor intensificando-se à medida que o débito se acumula em noites sucessivas de sono mais curto do que o habitual (5). Esses estudos também não precisam de condições laboratoriais para demonstrar os efeitos; apenas algumas semanas de muito trabalho, com impacto sobre a quantidade de sono, ou quantas vezes você acorda, são suficientes para alterar visivelmente seus humores subsequentes. Por exemplo, Brent Scott e Timothy Judge, da

Universidade da Flórida, pediram aos trabalhadores de uma companhia de seguros nacional que participassem de um estudo de três semanas. Durante quinze dias, os participantes foram convidados a completar uma pesquisa por dia, com perguntas centradas em três aspectos do comportamento. Primeiro, perguntaram a eles sobre o seu sono na noite anterior, em particular se tiveram algum problema em adormecer, se ficaram dormindo e acordando durante a noite. Os funcionários também foram convidados a preencher um questionário diário que examinava quatro emoções específicas consideradas especialmente críticas para as interações organizacionais e o sucesso no trabalho – hostilidade, fadiga, jovialidade e atenção – eles também foram questionados diariamente sobre sua satisfação profissional atual. Scott e Judge descobriram que dormir mal na noite anterior contribuiu para emoções negativas (hostilidade[2] e fadiga) *e* reduziu as emoções positivas (jovialidade e atenção) no trabalho no dia seguinte. Constataram também que o dormir mal estava relacionado à menor satisfação no trabalho, que atribuíram ao aumento das emoções negativas e redução das positivas no trabalho (7).

Essa pesquisa destaca alguns aspectos realmente importantes da literatura sobre sono e humor para o sucesso organizacional. Primeiro, não requer qualquer manipulação experimental do seu sono para afetar o seu humor. Quem dorme mal é negativamente afetado em termos de humor mais do que quem dorme bem, quer você esteja no laboratório, na sua própria cama ou trabalhando fora de casa. Em segundo lugar, dormir mal não está apenas relacionado com um aumento das emoções negativas ou do humor, mas também com uma redução do efeito positivo – o duplo golpe. Finalmente, a ligação entre humor ou emoção e sono não é apenas sobre como você aparece no trabalho no dia seguinte, mas também pode ser usada para explicar variações na satisfação profissional de um indivíduo. A relação entre dormir mal e o humor "transborda", ou talvez ultrapassa, para outros domínios pessoais e organizacionais como a satisfação no trabalho, porque o humor e as emoções são fundamentais não apenas para cada interação e cada tarefa que fazemos no trabalho, mas para o nosso próprio bem-estar. Em um estudo que analisou as pessoas que dormem bem (aquelas que têm seis horas por noite ou mais) e as que dormem mal (menos de seis horas por noite), verificou-se que não apenas os que dormiam mal tinham vieses negativos significativamente maiores na forma como viam o mundo (como uma tendência a ver eventos negativos, esperar resultados negativos e fracasso, juntamente com uma resposta pobre ao *feedback* e uma sensibilidade ao humor negativo), mas também tinham depressão, ansiedade e estresse, além de menor bem-estar subjetivo (8). Mesmo que fatores individuais como idade, sexo, renda familiar, status de emprego e saúde sejam removidos do quadro, o bem-estar *ainda* é associado a menos problemas de sono (9). De fato, o Prêmio Nobel, Daniel Kahneman, descobriu que não apenas uma boa noite de sono é fundamental para moldar o bem-estar, mas que a qualidade desse sono é um dos mais importantes preditores de satisfação com a vida (10).

Embora haja uma enorme literatura em relação aos efeitos de dormir mal sobre o humor e as emoções, alguns dos estudos examinaram o sono insuficiente autorrelatado, alguns usaram a redução do sono (uma noite de sono ruim) e outros a fragmentação do sono (acordar à noite). Embora todos eles mostrem, de forma bastante convincente, que existe uma relação, qual aspecto de sono é o mais importante? O que importa é quanto dormimos, ou as mudanças de humor podem ocorrer se tivermos apenas uma noite em que acordamos algumas vezes, mas ainda temos as nossas oito horas de sono? A pesquisa mostra que a qualidade do sono é pelo menos tão importante quanto a quantidade de sono; em apenas *uma* noite, ser acordado quatro vezes (dez minutos de cada vez) em um período de oito horas na cama é tão impactante no humor negativo quanto restringir o sono dos participantes a apenas quatro horas (11). Embora apenas quatro horas de sono por noite possa ser algo relativamente invulgar para a maioria de nós, acordar algumas vezes durante a noite (com crianças pequenas, animais de estimação, vizinhos barulhentos, bexiga cheia) pode ser uma ocorrência muito mais frequente, e essa pesquisa encontrou um efeito após apenas uma noite de má qualidade de sono. Curiosamente, se as interrupções do sono continuarem durante um período de tempo ligeiramente mais longo (três noites), e se tornarem um pouco mais severas (sessenta minutos de vigília em uma hora, e vinte minutos desperto a cada hora durante oito horas – pense em criança doente ou vizinhos muito barulhento), então enquanto a má qualidade e quantidade de sono aumentaram o humor negativo de forma semelhante, o sono interrompido reduziu o humor positivo mais significativamente do que a quantidade equivalente de sono em um período. Ter uma boa qualidade de sono, portanto, é tão importante quanto a duração correta do sono, para reduzir qualquer humor negativo, mas é mais importante do que a quantidade de sono para aumentar o humor positivo. Temos de prestar atenção à profundidade, não apenas à amplitude.

Imagine que está prestes a fazer uma apresentação. Não é sua tarefa favorita, e você não se surpreende ao saber que o medo de falar na frente de um grupo é suposto ser mais comum do que o medo da morte. No entanto, você se preparou bem, conhece seu assunto, e o público deve ser amigável. Você praticou em casa na frente do espelho (usando sua escova de cabelo como microfone, é claro), e foi recebido com aplausos extremamente positivos do seu público (sua parceira e filhos). Com o seu melhor terno, você pega suas notas e vai até o palco. Abre a boca e nada. Respira, olha para baixo, começa de novo e nada. Não só se esqueceu de cada segundo da sua apresentação, como também do seu nome e do porquê de estar lá. A sua mente está completamente em branco. Com sorte, se isso aconteceu com você, a sensação durou apenas alguns segundos, e então seu cérebro funcionou e tudo correu bem. O público pode nem ter notado, mas provavelmente lhe pareceu como se tivesse decorrido uma vida inteira. Nesses poucos segundos, experimentou um sequestro da amígdala. Parece muito dramático, mas é muito fácil de explicar. A amígdala é um pequeno grupo de células em forma de amêndoa altamente interconectadas, que fica logo acima do tronco cerebral na parte de trás da cabeça. Seu papel é processar emoções, particularmente aquelas que se relacionam com a sobrevivência humana, como raiva, prazer e, pensando em sua apresentação, medo. Quando a amígdala decide que há um risco crítico para a sobrevivência, ela pode sobrepor-se ao córtex pré-frontal sensível, de nível superior, e inundar o corpo com hormônios como noradrenalina e cortisol, o hormônio do estresse, preparando o corpo para lutar, correr ou, nesse caso, paralisar. Enquanto uma apresentação pode não ser literalmente vida ou morte, ela pode parecer assim metaforicamente para você, e a amígdala assume o controle e sequestra seu córtex pré-frontal racional. Por que a amígdala é importante num capítulo sobre sono e humor? Pesquisas usando varreduras cerebrais fMRI de participantes reagindo a imagens visuais altamente evocativas descobriram que aqueles que estavam privados de sono mostravam mais atividade cerebral na amígdala do que os indivíduos que tinham uma noite de sono normal, e eles também apresentavam menos atividade do córtex pré-frontal (não é uma surpresa dado o que sabemos sobre a vulnerabilidade do córtex pré-frontal à perda do sono). Além disso, para aqueles indivíduos que não tinham dormido, o caminho entre o córtex pré-frontal e a amígdala, o que significa que podemos efetivamente regular a emoção, estava quase completamente ausente (12). De fato, os participantes muito cansados experimentavam um sequestro da amígdala, o processamento ineficaz de material emocional devido à falta de "supervisão" do seu córtex pré--frontal lógico e racional. O córtex pré-frontal também é crítico, não apenas para a supervisão de suas próprias emoções, mas na capacidade de mudar para a perspectiva de outra pessoa, e mostrar empatia com seu estado emocional. Não será nenhuma surpresa, portanto, que dormir mal possa diminuir a sua capacidade de "ler" as emoções dos outros (13) e mostrar empatia com eles (14).

Tente pensar em uma tarefa que você faz no trabalho que não seja potencialmente afetada pelo seu humor. Imediatamente risque da lista qualquer coisa que envolva interação com outras pessoas, então agora você está limitado aos aspectos do seu trabalho que faz isoladamente. E-mails, apresentações escritas, orçamento, planilhas, avaliação de provas, pensamento estratégico, na verdade qualquer coisa que exija esforço cognitivo precisa sair da sua lista como tomada de decisão, habilidades de liderança e criatividade são apenas algumas das atividades organizacionais afetadas pelo seu estado emocional e/ou humor geral (15). Não sobra muito, não é? E, é claro, o humor negativo não é apenas sobre o seu próprio desempenho, pois o seu humor, ou o humor dos outros se torna contagioso. Você já experimentou essa sensação de medo quando sabe que tem uma reunião com um indivíduo em particular? Não é porque são desagradáveis, ou porque não gosta deles. Não é porque não conseguem fazer o seu trabalho. É porque você sabe que, não importa o quão feliz ou positivo se sinta antes de entrar em seu escritório, depois de alguns minutos em sua companhia, você será drenado de toda a energia positiva que tinha. Eles só têm a capacidade de sugar a energia da sala, como os dementadores, em Harry Potter ou o Bisonho em, *O ursinho Puff*. De igual modo, há pessoas com quem trabalhamos que têm o efeito oposto. Se você está tendo um dia muito ruim, só de tomar um café com eles será suficiente para levantar o seu espírito. Eles são o personagem Tigrão, em *O ursinho Puff*, sempre felizes e saltitantes. Esta partilha de emoção de pessoa para pessoa acontece geralmente sem intenção ou consciência, e começa pela cópia de comportamentos não verbais, como expressões faciais e movimentos, até se sentir o seu estado emocional – contágio emocional (15).

O humor positivo e as emoções são tão importantes para o sucesso organizacional que uma recente análise sumária de uma série de estudos que examinaram seus efeitos sobre as medidas de desempenho no trabalho concluiu que a tendência de um indivíduo para relatar estados de espírito positivos e emoções estava ligada a:

- Capacidade de negociação superior.
- Melhores avaliações de gerentes de linha ou supervisores.
- Esforço discricionário no trabalho.
- Maior renda (16).

No domínio das vendas, verificou-se que a atitude positiva em relação aos clientes permite prever os resultados (17) e, de um modo mais geral, se relaciona ao:

- Processamento cuidadoso, sistemático e completo durante a tomada de decisão (18).
- Maior precisão na tomada de decisões (19).

- Aumento da criatividade (20 e 21).
- Redução da ausência e da intenção de deixar a organização (22).
- Uma resolução mais eficaz dos conflitos (mais propenso a uma situação *win-win*, em que todos ficam satisfeitos) (23).

Um efeito mais positivo está significativamente relacionado a uma riqueza de resultados organizacionais, tanto em termos de seu próprio desempenho individual como, por contágio emocional, em toda a equipe e contexto de trabalho mais amplo. Se o sono é tão crítico para influenciar o humor, então certamente obter a quantidade e a qualidade certas de sono deve ser uma prioridade pessoal e organizacional.

PARTE DOIS

Causas, dicas, ferramentas e técnicas para dormir melhor

HIGIENE BÁSICA DO SONO

Juntamente com as dicas, ferramentas e técnicas específicas de cada capítulo da parte dois, existem algumas diretrizes básicas de higiene do sono que o ajudarão a obter um sono mais tranquilo.

- Estabeleça uma rotina regular de hora de dormir
  - ° Uma rotina regular permite ao corpo construir padrões consistentes de sono e ajuda a melhorar a quantidade e a qualidade do sono. Trate-se como uma criança pequena – tenha uma rotina regular de relaxamento e tente ir para a cama no mesmo horário e acorde no mesmo horário durante a semana e nos finais de semana (mais ou menos vinte minutos de variação).

- Use o quarto apenas para dormir e sexo
  - ° É importante que o corpo, fisiológica e psicologicamente, reconheça o ambiente do quarto como um espaço para dormir. Quaisquer sinais que possam estar ligados à vigília, tais como trabalhar, ver televisão ou utilizar tecnologia, não estimulam o relaxamento.

- Evite o *sleep binging*
  - ° É importante obter a quantidade certa de sono que você precisa todas as noites, que também deve ser de qualidade certa. O *sleep binging,* em que você reduz a quantidade de sono durante a semana, mas tenta ficar dormindo por mais tempo no fim de semana para "recuperar o atraso", é, na melhor das hipóteses, nem sempre eficaz e, na pior, contraproducente. Dormir durante longos períodos no fim de semana implica frequentemente em períodos mais longos de sono leve em vez do sono profundo crítico (sono lento) que você pode perder durante a semana. Além disso, dormir até

tarde no fim de semana pode reduzir sua vontade de dormir na noite seguinte, agravando o problema no dia seguinte e criando um círculo vicioso.

- Pense nos níveis de escuridão no quarto
  - ° O ciclo do sono é fortemente determinado pela luz e pela escuridão, por isso um quarto claro demais logo no início da manhã pode levar o corpo para um estado de sono leve e vigília. Considere as persianas de blecaute (ou uma máscara para dormir), mas certifique-se de que tem um bom despertador!

- Evite cochilar muito perto da hora de deitar-se
  - ° O cochilo pode ter um efeito muito benéfico, mas muito perto da hora de deitar pode reduzir a vontade de dormir (a sensação de ficar mais cansado à medida que o dia vai avançando). Isto pode significar que não estará cansado quando vai para a cama; assim, pode ter dificuldade em adormecer, reduzindo a quantidade de sono que terá naquela noite (e aumentando potencialmente a necessidade de uma sesta no dia seguinte). Tente não tirar uma soneca depois das cinco da tarde se você for dormir à noite (portanto, não em um turno da noite).

- Evite comida pesada perto da hora de deitar-se
  - ° A comida pesada e/ou picante pode demorar algum tempo para metabolizar e ser o foco principal do corpo enquanto tenta relaxar e adormecer. Recomenda-se deixar um intervalo de pelo menos duas a três horas.

6
FATORES AMBIENTAIS –
TECNOLOGIA, TEMPERATURA E BARULHO

TECNOLOGIA DE PONTA

Em 1879, Thomas Alva Edison inventou a primeira lâmpada elétrica comercialmente viável, e, depois de vinte anos de seu desenvolvimento, as lâmpadas estavam sendo usadas em fábricas nos Estados Unidos, permitindo que elas se tornassem uma economia de 24 horas, e daí nasceu o trabalho por turnos. Edison não só tornou possível ficar acordado além do horário de luz do dia, como também forneceu uma série de invenções para nos manter entretidos à noite, caso ousássemos ser tentados a dormir, incluindo o fonógrafo e a câmera cinematográfica (1).

Embora possa ser injusto responsabilizar as invenções dos anos 1800 pela privação do sono do século XXI, a mudança para uma economia de 24 horas, como resultado da disponibilidade da lâmpada, foi certamente um passo crítico. Não só a luz artificial permitia que as pessoas tivessem menos limitações sobre o horário de trabalho e socialização, incentivando assim uma redução na quantidade de tempo disponível para dormir, mas a própria luz artificial influencia o *timing* dos ritmos circadianos, produzindo assim perturbações nos padrões de sono. Este "duplo golpe" de perturbação do sono teria sido improvável de preocupar Edison, que alegadamente dormia apenas quatro ou cinco horas por noite, e esperava que a sua força de trabalho também o fizesse. Em uma entrevista à revista *Scientific American*, em 1889, ele afirmou que seus funcionários adormeciam em cantos, e que ele empregava vigias para encontrá-los e mantê-los acordados (2). Segundo Alan Derickson, autor de *Dangerously sleepy: overworked americans and the cult of manly wakefulness*, ninguém fez mais do que Edison para enquadrar a questão do sucesso como uma simples escolha entre trabalho produtivo e descanso improdutivo (3).

A intensidade da luz (iluminação) é medida em lux, com um lux equivalendo à luz de uma vela a dez pés de distância, ou a iluminação de uma superfície a um metro da vela. Dado que ambos são quase impossíveis de visualizar, vamos colocar isso em contexto. A luz da Lua emite aproximadamente um lux de iluminação, enquanto a luz solar pode variar entre 32 mil luxes e 100 mil luxes. Em termos de luz artificial, uma lâmpada doméstica padrão de 100 watts é de 190 luxes, a iluminação em um edifício de escritórios padrão pode estar entre 300 e 400 luxes e um armazém ou fábrica onde um trabalho detalhado é necessário pode ser iluminado em até 500 luxes (4). Conhecer esses níveis é importante porque os ritmos circadianos podem ser redefinidos após a exposição de apenas 180 luxes (1).

Como discutimos em outros capítulos deste livro, a luz é um dos mais importantes *zeitgebers* externos (doadores de tempo) para o relógio circadiano humano. O relógio circadiano endógeno (interno) sincroniza uma série de processos fisiológicos e bioquímicos, como o ciclo sono-vigília e a secreção de melatonina, e mantém um ciclo de 24 horas (em vez do ciclo de "funcionamento livre" de 24,5 horas), por meio do alinhamento com *zeitgebers* externos, como a luz. Para garantir a melhor qualidade e quantidade de sono, o tempo desse sono deve estar alinhado com o do relógio biológico, e o uso de luz natural ajuda a manter isso. A exposição à luz que não seja natural (isso é, à luz artificial), particularmente à noite e no início da noite, mesmo com baixa intensidade (180 luxes), pode suprimir a liberação de melatonina (a substância química natural que nos torna sonolentos) e deslocar o relógio interno para uma hora posterior, o que significa que temos dificuldade em adormecer à noite (5).

De acordo com a pesquisa *Sleep in America* de 2011 da National Sleep Foundation, pesquisa mais recente que focou especificamente no uso da tecnologia e no sono, nove em cada dez americanos (entre 13 e 64 anos) usam um dispositivo por pelo menos uma hora antes de dormir (6). Não só o uso da tecnologia na cama pode afetar a secreção de melatonina (7) e fazer recuar o ritmo circadiano (7), mas utilizar a tecnologia à noite, seja a televisão, um *smartphone*, um *tablet* ou um leitor de livros digitais, também aumenta o nosso nível de alerta. Como você verá no capítulo sobre causas psicológicas de dormir mal, uma mente "ocupada" é muitas vezes uma razão pela qual as pessoas acham difícil adormecer, e envolver-se em atividades como responder e-mails, jogos online e navegar na internet pode aumentar o nível de excitação cognitiva no exato momento em que tanto fisiológica quanto psicologicamente você deveria estar "acalmando". Para sustentar esse ponto, estudos têm constatado que quanto mais "ativo" o engajamento com a tecnologia (como *smartphones* ou computadores), maior a dificuldade em dormir e mais pobre é a qualidade desse sono (8). Somado ao engajamento cognitivo criado pelo uso da tecnologia está o fato de que a própria exposição à luz no período da noite e na noite biológica também aumenta agudamente o estado de alerta (9). Por exemplo, a pesquisa mostrou que não só a exposição a uma tela brilhante por uma hora e meia no final da tarde ou à noite por apenas cinco dias atrasou o relógio biológico na mesma quantidade de tempo (!), mas também que os participantes tiveram melhores resultados nos testes de desempenho mental após a exposição à tela brilhante, sugerindo níveis aumentados de alerta, o que foi apoiado pela atividade de ondas cerebrais dos participantes (8). Vamos apenas enfatizar esse ponto – usar uma tela brilhante por apenas uma hora e meia por noite durante uma semana de trabalho levou a um atraso subsequente em ritmos circadianos de uma hora e meia, e aumento da vigilância, que em termos práticos também é suscetível de aumentar ainda mais o tempo necessário para adormecer. Para aqueles de nós que lutam com encontrar tempo para passar pelo menos sete horas na cama, as consequências de um atraso em adormecer de pelo menos uma hora e meia são significativas – uma noite de sono potencial de sete horas poderia ser reduzida para cinco horas e meia, apenas como resultado do uso da tecnologia por uma hora e meia antes de dormir.

Em geral, a maioria dos estudos que examinam a relação entre o uso da tecnologia nas horas que antecedem o deitar e a subsequente quantidade e qualidade do sono nos adultos encontrou padrões consistentes, particularmente com a tecnologia mais "ativa". O uso de computadores na cama para assistir a programas ou filmes tem sido relacionado à gravidade dos sintomas de insônia, assim como o uso de telefones celulares (10). Além disso, o uso extensivo de meios eletrônicos antes de dormir tem sido correlacionado com o aumento dos níveis de sono insuficiente autopercebido (11) e níveis inferiores de atividade matutina – uma medida que examina o estado de alerta pela manhã (10). O impacto do uso da tecnologia durante a noite no trabalho no dia seguinte é um lembrete de que a falta de sono pode, e de fato, afeta o desempenho. Por exemplo, o uso de *smartphones* à noite mostra uma redução nos níveis de envolvimento no trabalho no dia seguinte, com esgotamento de energia como resultado do sono insuficiente (12).

Embora o envolvimento ativo com a tecnologia possa ter o maior impacto, mesmo meios relativamente passivos, como iluminação baixa (em comparação, por exemplo, com um ambiente de escritório) e leitor de livros digitais, ainda podem ter impacto no sono. Uma equipe de investigadores da Universidade de Harvard, liderada por Anne-Marie Chang, comparou os efeitos da leitura de um *e-book* com um livro em papel (lembra-se dele?) sobre uma série de medidas de sono, incluindo a supressão da melatonina, medidas objetivas e subjetivas de sonolência à noite e de manhã e registros polissonográficos completos do sono. A luz dos *e-books* é enriquecida por um comprimento de onda curto, com um pico de 452 nanômetros na faixa de luz azul, um ponto crítico porque, enquanto a iluminação per se (lux) pode afetar o tempo dos ritmos circadianos, o relógio interno é particularmente sensível à luz azul de comprimento de onda curto.

Chang e seus colegas descobriram que, em comparação com a leitura de um livro impresso com luz refletida, a leitura de um *e-book* diminuiu a sonolência subjetiva, suprimiu o habitual aumento da melatonina à noite, alongou a latência do sono (tempo para adormecer), atrasou o marca-passo endógeno e prejudicou a atenção matinal (5). Se alguma vez houve um *business case* para voltar aos livros impressos, certamente deve ser este (anotem, editores!) – usar um *e-book* à noite pode retardar a sua percepção de sonolência e reduzir os "auxiliares" fisiológicos ao sono, tornando mais difícil para você adormecer, e além disso reduzir a sua atenção no dia seguinte.

Dicas, ferramentas e técnicas para experimentar

- Remover a tecnologia do quarto
  Dado que o uso da tecnologia à noite cria o conjunto perfeito de efeitos sobre o tempo para adormecer e o tempo "disponível" para dormir (10) através:
  (a) Da redução da secreção de melatonina e o atraso nos ritmos circadianos criando um atraso fisiológico na sonolência.
  (b) Do deslocamento direto do sono em favor do uso da mídia (13).
  (c) Do potencial desconforto físico do uso de tecnologia no quarto, como dor muscular e dor de cabeça (14).
  (d) Da perda do efeito indutor do sono do quarto devido à associação com o uso da mídia e o "trabalho" (15).
  (e) Da excitação cognitiva associada à tecnologia "ativa" (16).
  ° Tente desligar toda a mídia pelo menos uma hora e meia a duas horas antes de dormir.

- Reduzir a quantidade de luz
  Se esquecer os eletrônicos antes de dormir não for possível ou prático, então:
  ° Tente usar um livro impresso em vez de um leitor digital.
  ° Tente usar aplicativos (por exemplo, F.lux) ou mudanças de sistema em computadores e *smartphones* para reduzir a quantidade de luz azul de onda curta emitida.

- Reduzir o envolvimento cognitivo
  ° Tente reduzir a quantidade de uso de mídia cognitivamente envolvente antes de dormir, lendo um livro, ou assistindo TV que não seja estimulante (uma desculpa para ler o mais recente romance "água com açúcar" ou assistir uma programação superficial).

TEMPERATURA

Os seres humanos são endotérmicos, ou seja, somos capazes de regular a temperatura do nosso corpo (homeostase), e fazemos isso com notável eficiência, geralmente mantendo a nossa temperatura interna central numa faixa muito pequena de 36°C (96,8°F) a 38°C (100,4°F). Se ela diminuir para menos de 35°C (95°F), entramos em estado hipotérmico leve, e se a queda continuar abaixo de 32°C (89,6°F), o indivíduo fica tão sonolento que se torna incapaz de se mover, entra em coma e, sem tratamento, morre (1).

Pode-se argumentar que a sonolência, como sintoma de hipotermia, é um fracasso evolutivo, já que deitar e dormir é a última coisa que um indivíduo com hipotermia deve fazer. A relação entre temperatura e sonolência é tão forte que é necessária apenas uma redução de cerca de 1°C em relação ao intervalo de temperatura corporal normal para que um indivíduo se sinta cansado (1). Essa ligação entre temperatura corporal central e sonolência e a sensibilidade do corpo mesmo a pequenas alterações da temperatura central levou os cientistas do sono a notar que o ambiente térmico de um indivíduo é um agente-chave do sono, seja para melhorá-lo ou reduzi-lo (2).

Já pensou por que os indivíduos na Inglaterra vitoriana usavam chapéus na cama? Por que as nossas avós nos compravam meias para dormir no Natal[1] e por que existe uma enorme indústria de tecnologia de regulação da temperatura no quarto, como cobertores elétricos e colchões do tipo *cooling gel*? Enquanto Hipócrates notou as diferenças de temperatura corporal dos seus pacientes ao dormir e ao acordar, especulando que os corpos adormecidos se sentiam frescos ao toque porque o sangue fluía para longe da pele, foi só na década de 1970 que os pesquisadores começaram a examinar sistematicamente as causas desse ritmo na temperatura corporal central (3).

Quando estamos descansando, ou pelo menos quando não estamos correndo como loucos tentando fazer cem coisas ao mesmo tempo, nosso calor corporal é produzido principalmente pela atividade metabólica de nossos órgãos internos, particularmente o cérebro, e aqueles em nossa região abdominal, como fígado, rins e coração. De fato, cerca de setenta por cento da nossa taxa metabólica de repouso é produzida por este grupo de órgãos, mas estes absorvem apenas cerca de dez por cento da nossa massa corporal (4). Para regular a temperatura (manter a nossa homeostase entre 36ºC e38ºC), os dez por cento da massa do nosso corpo que produz todo esse calor precisa ser capaz de transferir isto para longe do núcleo. A maior parte da nossa pele é lisa demais para ser eficiente na transferência de calor, mas as nossas extremidades, tais como dedos das mãos e dos pés, são perfeitas. Estas áreas do nosso corpo, conhecidas como regiões cutâneas distais, que também incluem o nariz, lábios e orelhas (5), têm forma arredondada, que é o perfil ideal para a transmissão de calor, então o nosso núcleo, produzindo a maior parte do calor corporal, transfere para as nossas regiões distais através do nosso sangue, com este fluxo sanguíneo regulado pelo nosso sistema cardiovascular (4). Nossas mãos e pés são fundamentais para o processo de dissipação de calor, pois só eles possuem um sistema termorregulatório especial, conhecido como AVAS (anastomoses arteriovenosas). Embora o nome longo não seja importante, a menos que seja a questão vencedora de um *pub quiz*, a sua função é crítica, porque o fluxo sanguíneo, através dessas AVAS, é dez mil vezes mais rápido que o fluxo sanguíneo através dos capilares (que formam a regulação da temperatura do resto da nossa "concha" que é a região "proximal" da testa, abdómen, coxas e infraclavicular), e são, portanto, vitais para proteger o núcleo, dada a sua velocidade e eficiência na dissipação de calor.

Assim, embora este possa parecer um sistema muito complicado, é muito eficiente e, em circunstâncias normais, o nosso núcleo oscilando ao longo de 37°C, usando as nossas mãos e pés como uma forma rápida de transmitir calor para longe dos órgãos internos, permitindo-lhe manter a homeostase. Se esse curso estável é o que está acontecendo 24 horas por dia, então por que Hipócrates relatou que seus pacientes tinham temperaturas diferentes quando estavam dormindo do que quando acordavam? Um observador deve ter notado a frase que dizia "oscila ao longo de 37°C", isto porque há variações. De fato, assim como o ciclo sono-vigília, a temperatura corporal central tem um ritmo endógeno de 24 horas, atingindo seu ponto mais alto no final da tarde e o mais baixo na segunda metade da noite. Em comparação, as regiões distais mostram o padrão oposto, com as mãos e os pés se tornando mais quentes quando a temperatura corporal central está em seu nível mais baixo. Esse padrão inverso é presumido porque as AVAs nas mãos e nos pés estão regulando a dispersão de calor do núcleo, e assim estará mais quente quando o núcleo está mais frio, e será fresco quando a dispersão de calor não é necessária (quando o núcleo está mais quente[2]).

Embora as mudanças na temperatura central sejam pequenas, elas compartilham uma relação crítica com o ciclo sono-vigília, e dado o que foi dito anteriormente sobre a ligação entre sonolência e hipotermia, não será grande surpresa saber que o sono geralmente ocorre quando a temperatura central do nosso corpo está caindo em sua velocidade mais rápida (6), e a vigília coincide com um aumento na temperatura central. A temperatura mínima do núcleo é normalmente entre quatro e seis horas da manhã, que é quando estamos mais sonolentos, e o sono geralmente ocorre cerca de cinco a seis horas antes deste mínimo quando ele está caindo drasticamente. É provável que um indivíduo acorde quando a sua temperatura central aumenta, o que corresponde entre uma a três horas após a temperatura corporal mínima do núcleo (7).

Dentro das comunidades de pesquisa do sono, a relação entre sono e termorregulação inicialmente levou a um debate do tipo "galinha e ovo" – o início do sono causou uma queda na temperatura corporal central ou a queda na temperatura central iniciou o sono? Do ponto de vista acadêmico, esta questão é, naturalmente, importante, mas é também de importância prática, especialmente se procuramos formas de ajudar a melhorar tanto a qualidade como a quantidade do sono. Se as quedas na temperatura interna causarem (ou pelo menos conduzirem) a sonolência, então a manipulação da temperatura (central, distal ou mesmo a temperatura ambiente do quarto) pode ser uma combinação perfeita para um sono insuficiente.

Nos últimos anos, pesquisadores descobriram que são as mudanças de temperatura do corpo que levam à sonolência e à vigília, e não o contrário. No entanto, há um aspecto muito importante nisto, não é o declínio da temperatura corporal central que é vital, é a *dilatação das* regiões *distais da pele* que cria a sonolência (a redução da temperatura central é uma consequência disso, mas não é fundamental) e a pesquisa de três estudos inteligentes sobre o sono de Kurt Krauchi e seus colegas do Centro de Cronobiologia em Basileia, Suíça, demonstrara isso perfeitamente. No primeiro estudo, os participantes passaram de uma posição de pé para deitado (8); no segundo estudo, os participantes completaram um teste passando da posição sentada para posição de pé (8); e, na parte final da pesquisa, os indivíduos foram convidados a consumir gelo (9). Em todos os três experimentos, os participantes tinham seu núcleo corporal e temperaturas distais medidas. Os resultados do primeiro experimento descobriram que quando os participantes passaram de pé para deitado, sua temperatura corporal central diminuiu e a temperatura da pele dos pés aumentou, juntamente com a sonolência, o que podemos esperar de nossas experiências de ir dormir. No estudo em que os participantes tiveram que passar de uma posição sentado para uma posição de pé, ocorreu o contrário, com redução da temperatura distal, aumento da temperatura central e nenhum relato de sonolência. Até agora, tudo bem, queremos ter sono quando nos deitamos e queremos estar acordados quando nos levantamos. Foram os resultados do terceiro experimento que permitiram que Krauchi e seus colegas separassem o papel do núcleo e o das regiões distais. Quando os participantes consumiram gelo, a sua temperatura corporal central diminuiu muito rapidamente, e não surpreendentemente, o mesmo aconteceu com a sua temperatura distal, *mas* isso não apenas não causou sonolência, como os participantes realmente se sentiram mais acordados. Neste estudo, sua temperatura central estava caindo, mas os participantes relataram estar altamente alertas. Isso só pode acontecer porque suas mãos e pés (regiões distais) também estavam caindo em temperatura em vez de subir como no primeiro teste. Nos três experimentos, a sonolência ocorreu apenas quando houve aumento da temperatura distal, independentemente de o núcleo estar diminuindo no momento ou não.

Estudos de privação do sono, em que os participantes são impedidos de dormir, mas estão em um ambiente projetado para manter sua temperatura corporal central em um nível constante, ainda mostram níveis aumentados de sonolência (8), e assim sabemos que a termorregulação não é a única causa da sonolência, mas é muito importante. Se voltarmos à analogia da bola (Processo c) e da correia transportadora (Processo s), a termorregulação parece ser crítica para o Processo c (possivelmente regulando a secreção de melatonina), mas é separada da nossa unidade de sono (Processo s) que aumenta na proporção do tempo que estamos acordados, independentemente de outras flutuações fisiológicas como a temperatura.

Do ponto de vista da solução do sono, a importância da temperatura distal no Processo c é uma grande novidade – as regiões distais do corpo são de fácil acesso (diferente de nossos órgãos internos) e sabemos que são muito rápidas na regulação do calor –, então, que venham as meias para dormir![3]

Dicas, ferramentas e técnicas para experimentar

- Aumento da temperatura corporal distal
  Ao deitar-se, no primeiro dos experimentos de Krauchi, a temperatura corporal central foi reduzida e a temperatura distal aumentou, possivelmente porque o relaxamento pode levar ao aumento do fluxo sanguíneo periférico (aumentando assim potencialmente a temperatura das mãos e pés) (10). Curiosamente, uma série de outras atividades que realizamos

enquanto estamos "relaxando" para dormir também produzem vasodilatação (e aumento da temperatura de nossas regiões distais), como um banho quente, bebida quente e atividade sexual. Da mesma forma, o aquecimento dos pés, por meio do uso de meias (aquecidas ou não aquecidas), tem mostrado reduzir a quantidade de tempo que se leva para adormecer (11).

- ° Tente se envolver em atividades de relaxamento na hora de dormir que aumentem a temperatura de suas mãos e pés, como um banho quente e o uso de meias na cama. Qualquer atividade que também possa aumentar a temperatura corporal central (como uma sauna quente) deve ser feita pelo menos uma hora e meia a duas horas antes de dormir, mas atividades como usar meias na cama, que irão seletivamente aumentar a sua temperatura distal sozinha, podem ser feitas imediatamente antes ou assim que se deitar (11).

- Cobertores aquecidos
  O uso de um cobertor aquecido tem demonstrado perturbar o sono, presumivelmente devido ao aumento da temperatura corporal central à medida que o cobertor continua a aquecer durante a noite (12).
  - ° Tente usar um temporizador no seu cobertor elétrico quando tentar adormecer, para que ajude a aquecer as mãos e os pés, mas não afete a sua temperatura central ao ficar muito tempo ligado. Um período de trinta minutos é um bom ponto de partida.
  - ° Tente definir o seu cobertor elétrico para ligar a um nível baixo no início da manhã, se sofrer de vigília matinal (13).

- Temperatura ambiente no quarto
  A relação entre a temperatura ambiente, o nível de humidade no quarto e a temperatura entre os cobertores e a pessoa na cama (conhecido como o clima da cama) também desempenha um papel crítico na qualidade e quantidade do sono.

Uma temperatura do leito entre 32ºC e 34ºC, com uma umidade de quarenta a sessenta por cento, é quando se pode obter uma boa qualidade e quantidade de sono (14).

Com temperaturas ambientes muito elevadas no quarto (por meio de aquecimento central ou permanecendo num país quente sem ar condicionado, por exemplo), o aumento da vigília e a redução do sono profundo (sono de ondas lentas) ocorrem frequentemente particularmente na primeira metade da noite (2), e essas perturbações não se adaptam mesmo após cinco dias de exposição contínua ao calor durante o dia e à noite (15). O calor úmido exacerba ainda mais este efeito, aumentando a vigília e diminuindo o sono lento na primeira metade da noite, e continuando a aumentar a vigília na segunda metade da noite.

º Tente reduzir a temperatura ambiente no quarto, diminuindo ou desligando o radiador e/ou usando o ar condicionado. Se preferir utilizar o ar condicionado apenas por um curto momento devido aos potenciais efeitos negativos do uso dele a longo prazo (incluindo a sua conta de luz), então ligue o ar condicionado apenas durante a primeira parte da noite, quando o sono de ondas lentas seria normalmente afetado (2).

- Se a temperatura ambiente no quarto é muito fria, então o sono também sofre, principalmente na segunda parte da noite, com uma redução particular do sono REM. No entanto, a temperatura ambiente fria *não* afeta o sono se a temperatura da cama for adequada. Pesquisas revelaram que temperaturas no quarto entre 3ºC e 33ºC não mudam a qualidade ou quantidade do sono, desde que as temperaturas do leito sejam mantidas em 32ºC e 34ºC (16 e 17).

º Tente manter a temperatura na cama de 32ºC a 34ºC, especialmente se preferir uma temperatura ambiente mais fresca no quarto de dormir.

BARULHO

De acordo com um estudo realizado em 2014, cerca de 104 milhões de indivíduos nos Estados Unidos vivem com níveis de ruído anuais superiores a setenta decibéis e, como resultado, correm risco de doenças cardiovasculares e de perda auditiva induzida pelo ruído (1). Se este valor fosse extrapolado para todo o mundo, aproximadamente um terço da população mundial poderia estar em risco de ter problemas de saúde relacionados ao barulho (2). Só no Reino Unido, pensa-se que cerca de dez por cento da população vive em zonas onde os níveis sonoros diurnos ultrapassam os 65 decibéis, e 67 por cento vivem em zonas onde os níveis recomendados de 45 decibéis para a noite são ultrapassados (3).

Para contextualizar estes níveis sonoros (4):

Ruído	dB Nível
Respiração	10
Farfalhar de folhas	20
Biblioteca	40
Piado de pássaro	44
Subúrbio tranquilo	50
Ar condicionado a 30m ou música ambiente	60
Aspirador de pó	70
Liquidificador ou lavadora de pratos	80
Cortador de grama	90
Martelo pneumático	100
Show de rock ao vivo	110 (a média que o ser humano suporta)
Serra elétrica	120
Decolagem de jatos militares de um porta-aviões	130
Decolagem a 25m	150 (ruptura do tímpano)

Como se descobriu que uma exposição curta ao ruído aumenta a pressão arterial e a frequência cardíaca (5), não é de nenhuma surpresa que uma exposição prolongada tenha demonstrado conduzir a um aumento dos riscos de hipertensão arterial e de ataques cardíacos (6). Embora a relação exata entre a exposição ao ruído e as doenças relacionadas com o coração ainda não seja clara, é altamente provável que em algum ponto nesta relação esteja o fator do sono insuficiente. O efeito do ruído ambiente nos padrões de sono pode não explicar todos os efeitos relacionados com a doença cardíaca, mas tal é a importância da relação entre sono e ruído que a Organização Mundial de Saúde (OMS), em 2011, alegou que as perturbações do sono constituem as consequências mais graves do ruído ambiente nos países da Europa Ocidental (2). Mesmo que nos concentremos apenas no ruído do tráfego rodoviário, talvez o mais comum, mas não certamente o único ruído ambiente a que podemos estar sujeitos diariamente, estima-se que trinta por cento dos cidadãos da UE estão expostos a um ruído do tráfego rodoviário superior ao considerado aceitável, e cerca de dez por cento das pessoas relataram perturbações graves devido a ele durante a noite (7).

Qual é a diferença entre som e barulho? Existe uma diferença e, se existe, por que é importante? Certamente, se eu estou exposto a 100dB do que quer que seja, isso ainda vai afetar meus padrões de sono e, portanto, minha saúde e bem-estar subsequentes, e então por que isso importa? A diferença entre som e barulho pode ser apenas semântica para algumas pessoas, mas quando falamos do impacto no sono, as definições importam. O som é produzido por qualquer movimento mecânico criando uma onda de movimento através do ar e enquanto cada movimento mecânico cria som, o sistema auditivo humano só consegue ouvir uma amplitude específica.[1] O barulho, no entanto, é sempre som, mas nem todo som é barulho. Isto porque o barulho é geralmente definido como som ou sons *indesejados*; é um incômodo ou um aborrecimento (8). Isto significa que os sons podem ter um efeito fisiológico numa pessoa; isto é, pode haver alterações no coração ou na pressão arterial, mesmo que os sons não sejam desagradáveis ou indesejáveis, mas apenas o barulho pode ter também um impacto psicológico, porque é visto como "irritante" (8). Curiosamente, os pesquisadores descobriram que os efeitos negativos do ruído de trânsito noturno sobre a qualidade do sono objetivamente medida acontecem independentemente de um indivíduo ser perturbado por, ou achar o som irritante, mas quando os participantes autoavaliam sua própria qualidade de sono, o impacto é determinado pelo fato de uma pessoa ficar irritada com o som (9). Este é um ponto que vale a pena reiterar, pois é importante quando se considera o que podemos fazer para melhorar a qualidade e a quantidade do sono. Mesmo que a pessoa não sentisse que os sons do trânsito eram de todo aborrecidos, o ruído ainda perturbava a qualidade do sono (medida objetivamente pelos movimentos durante o sono), enquanto que quando um participante se sentia aborrecido com o ruído do trânsito, não havia distúrbio na qualidade objetiva do sono, apenas *sentia* que a qualidade dele era pior. Mesmo que sintamos que o som ambiente não perturba o nosso sono, ele pode muito bem ter um efeito prejudicial em sua qualidade, e quando sentimos que o ruído é realmente irritante e afeta definitivamente o nosso sono, pode não ser esse o caso![2]

Como você deve estar vendo, a relação entre sono e som é complexa. Os efeitos do som sobre o sono dependem não só do fato de um indivíduo definir os sons como indesejáveis (e, portanto, seriam classificados como barulho), mas também da sensibilidade que depende de fatores como o tipo de ruído (contínuo, intermitente, etc.), intensidade, frequência e intervalo (como a regularidade e a duração). No entanto, existem algumas conclusões básicas que ajudam a destacar o importante papel do ruído ambiente que perturba a duração do sono, suas fases e qualidade geral.

Pesquisas mostram que ruídos que atingem 45 decibéis (como um canto ruidoso de um pássaro) ou mais podem aumentar o tempo necessário para adormecer em até vinte minutos (11), reduzindo assim a duração do sono que podemos ter, e os mesmos níveis de perturbação sonora podem também nos acordar de manhã cedo (quando o sono é mais leve, e assim somos mais facilmente perturbados) e tornar mais difícil voltar a dormir (porque, nesse momento, nosso impulso para dormir é muito menor do que quando deitamos no início da noite) (8).

Embora um pássaro barulhento possa ser suficiente para acordar uma pessoa de manhã cedo, o significado do som é muito importante em relação à facilidade com que somos perturbados por ele. Na verdade, ao sussurrar o nome de uma pessoa é muito mais provável que ela acorde do que um estímulo mais alto, mas relativamente sem sentido (12). Não só essa é uma adaptação surpreendente do corpo humano, permitindo que sons que são potencialmente mais críticos para a sobrevivência nos perturbem, como também é importante quando se consideram formas de melhorar a qualidade e quantidade do sono. Ao pensar em reduzir os níveis de ruído ambiente no quarto usando tampões de ouvido, muitas vezes as pessoas retardam tal medida porque se preocupam se serão capazes de ouvir um bebê chorando, criança doente, ladrão, etc., enquanto esta pesquisa sugere que se os sons são significativos, então é provável que você acorde de qualquer maneira. Naturalmente, o motivo dos parceiros não acordarem com bebês chorando ou crianças doentes é outra questão completamente diferente.

A dificuldade em adormecer e manter o sono não só reduz a quantidade que obtemos durante a noite, como o ruído também tem um efeito na sua qualidade por meio de uma redução tanto do sono profundo (sws) como do sono REM (8), e os efeitos da exposição ao ruído noturno ainda podem ser observados no dia seguinte, tanto no aumento dos hormônios do estresse, como noradrenalina, adrenalina e cortisol (13, 14 e 15), quanto no pior desempenho cognitivo (16 e 17).

Dicas, ferramentas e técnicas para experimentar

- Tampões para os ouvidos
  A oms recomenda que o nível máximo de ruído no quarto e na noite não seja superior a 45 decibéis e que o nível médio recomendado durante a noite não exceda trinta decibéis (18). Dado que pode haver um efeito fisiológico no seu sono e função cardiovascular, mesmo que não se sinta afetado ou "aborrecido" pelo som ambiente no quarto, tente reduzir o som o máximo possível.

- ° Experimente tampões auriculares para reduzir o ruído ambiente se os achar desconfortáveis. Existem diferentes tipos disponíveis, incluindo aqueles feitos de esponja e cera que podem ser facilmente moldados à sua orelha, então experimente alguns para ver o que funciona melhor.

- Fechar as janelas
  A pesquisa constatou que o risco de hipertensão aumentou nos indivíduos que dormiam com janelas abertas durante a noite, mas diminuiu para aqueles que tinham isolamento acústico instalado, ou cujo quarto não estava voltado para uma estrada principal (19).
  - ° Tente fechar janelas do quarto se você sente que o ambiente externo é muito barulhento. Vale a pena ter em mente, no entanto, que o fechamento de janelas pode aumentar os níveis de calor e umidade no quarto, então certifique-se de que isso também é considerado (caso contrário, você pode resolver um problema criando outro).

- Desligue rádios e TV antes de adormecer
  Pesquisadores no Japão demonstraram que quando os participantes são submetidos a ruídos "significativos", como conversas ou karaokê, eles relataram maior dificuldade em adormecer do que com o nível equivalente de ar condicionado ou ruído de tráfego rodoviário (20).
  - ° Se você usar um rádio ou uma TV como ruído ambiente para ajudá-lo a relaxar no quarto, certifique-se de que haja um *timer*, que desligue antes ou logo após você adormecer.

7

FATORES PSICOLÓGICOS

A privação do sono, causada pela má qualidade e/ou quantidade de sono, pode ocorrer por meio de escolhas de vida ou de circunstâncias pessoais sobre as quais temos menos controle. Você pode estar restringindo a quantidade de oportunidades que tem para dormir por causa de vida extremamente ocupada, porque tem uma família e filhos para cuidar, porque trabalha muitas horas ou tem um deslocamento diário que consome muito tempo. Talvez você trabalhe por turnos, ou faça uma quantidade significativa de viagens internacionais em seu trabalho; talvez seja o cuidador de seus pais idosos ou de um parente doente. Ou pode ser que opte por sacrificar uma hora de sono por noite para que possa usar o tempo para a academia, ou com o seu parceiro, ou para recuperar o atraso nas tarefas, começar a assistir a última série ou ler o livro que está desesperadamente tentando terminar. O ponto importante aqui é que se escolheu ativamente reduzir o tempo que tem para dormir, ou se isso foi "escolhido para você" por meio de circunstâncias pessoais, você não tem atualmente a oportunidade de dormir por mais tempo. Esperemos que, depois de ler este livro, e estando convencido do *business case* para uma melhor qualidade e quantidade de sono, você fará uma escolha para mudar seus padrões de sono, mas neste ponto, pode estar privado dele porque está consumindo todo o tempo alocado para dormir, e não é suficiente (ou de boa qualidade). Isto é privação de sono e não insônia. Digamos que a privação do sono não é o mesmo que insônia.

A insônia é uma doença clinicamente diagnosticada, definida de várias formas por medidas específicas. Os valores para a prevalência da insônia variam, dependendo dos critérios utilizados, desde cerca de trinta por cento da população adulta que se autoidentifica como sofrendo de insônia, a 16 ou 21 por cento quando três ou mais noites por semana de sintomas de insônia são utilizados como critérios, até cerca de dez por cento quando as repercussões diurnas da insônia, como a ansiedade e a depressão, também são incluídas no diagnóstico (1). Pode ser caracterizada por uma incapacidade de desligar pensamentos e imagens intrusivos e emocionalmente carregados na hora de dormir, pode ser uma dificuldade contínua de adormecer, dormir, mas acordar muito cedo ou experimentar um sono que não é restaurador, apesar das oportunidades adequadas para obter a quantidade e a qualidade certas de sono (2). Esta última frase é o ponto crítico, "apesar das oportunidades adequadas para obter a quantidade certa de sono". Aqueles indivíduos que sofrem de insônia não só têm todas as oportunidades para dormir, eles se desesperam tanto para criar chances de melhorar o seu sono que vão se deitar cada vez mais cedo e ficam na cama por mais tempo, em uma tentativa de obter o sono que sentem que precisam.

A privação do sono é caracterizada por uma elevada propensão para dormir – estar cansado e ser capaz de adormecer, mesmo durante o dia, relativamente depressa, dada a oportunidade.[1] Esta sonolência diurna é um indicador confiável de sono insuficiente (qualidade e/ou quantidade) durante a noite. Insônia, em comparação, é caracterizada por um baixo impulso para dormir– vítimas de insônia lutam para adormecer ou permanecer adormecido, mesmo que se queixem de fadiga geral. Curiosamente, quando pacientes com insônia são privados de sono, seja como parte de um estudo experimental, devido a eventos não programados, ou como parte de um plano de tratamento, isso leva a sintomas de privação de sono, como sonolência diurna, mas sem aumento correspondente em seus sintomas de insônia (3).

Neste capítulo vamos explorar a literatura sobre insônia, porque esta é fortemente caracterizada por pensamentos intrusivos e imagens na hora de dormir ao tentar cair no sono, e, da mesma forma, ficar com a "mente ocupada", ser incapaz de "desligar" e acordar com a sensação de "mente girando", são razões muito comuns dadas como causas do sono curto ou interrompido nas populações trabalhadoras. A distinção entre insônia e privação de sono, no entanto, é importante, porque, embora algumas das características possam ser semelhantes, para os privados de sono, a mente excitada e a incapacidade de desligar têm um impacto num horário de sono bastante restrito, pelo que estas características psicológicas são uma complicação adicional e não uma causa primária. Para o doente com insônia, estes sintomas são um aspecto chave do seu diagnóstico. Num estudo agora seminal sobre insônia realizado nos anos de 1980, os investigadores descobriram que a excitação cognitiva (um termo científico para uma "mente ocupada"!) e pensamentos e imagens intrusivos à hora de deitar eram dez vezes mais suscetíveis de serem relatados como a causa da insônia de um indivíduo do que questões gerais de higiene do sono (4). No entanto, a compreensão da pesquisa em relação a pensamentos intrusivos e padrões de preocupação na literatura sobre insônia tem algum benefício direto para aqueles de vocês que estão privados de sono e acham que seu horário de sono, já muito restrito, é ainda mais impactado por considerar difícil adormecer ou acordar várias vezes durante a noite.

Quer fazer uma pequena experiência? Então, encontre um quarto tranquilo (acho que essa pode ser a parte difícil!), ou pelo menos um canto relativamente tranquilo de um quarto, e pegue seu relógio ou telefone para que você tenha um *timer*. Agora, leia o parágrafo seguinte e siga as instruções:

> "Faça o que fizer, não pense em elefantes cor-de-rosa. Não, não faça isso, pense em outra coisa, qualquer outra coisa, mas aconteça o que acontecer, não imagine um enorme elefante cor-de-rosa com orelhas e pernas cor-de-rosa e uma enorme tromba cor-de-rosa. Tente fazer com que a sua mente fique em branco porque o que não quer que aconteça é imaginar um elefante cor-de-rosa brilhante, gigantesco, não, pare, não pense nisso."
>
> Agora cronometre quanto tempo consegue aguentar sem pensar num elefante cor-de-rosa.

Não espero que tenha passado dos cinco ou dez segundos se entrou numa espécie de transe zen. A questão aqui é que no minuto em que você tenta *não* pensar em algo, essa é a única coisa em que *pode* pensar. Agora imagine que está realmente cansado, teve um dia difícil no trabalho, e talvez algumas noites de sono insuficiente. Nessa noite você tem a oportunidade de ir para a cama cedo, então tira proveito disso e vai se deitar às 21 horas. Está deitado na cama, tentando não pensar em nada. É claro que a primeira coisa que vem à sua mente é: "Eu realmente preciso dormir um pouco... Tive algumas noites de sono realmente ruim, estou exausto, e tenho uma reunião muito importante amanhã. Eu preciso dormir um pouco", e uma vez que esses pensamentos entram em sua cabeça, sua mente se torna muito ativa, os efeitos de sua rotina para relaxar antes de dormir desaparecem, e só consegue pensar na necessidade de dormir. Ironicamente, pensar na necessidade de dormir é uma maneira certa de não conseguir adormecer.

A pesquisa com pacientes com insônia, que muitas vezes passam uma grande quantidade de tempo na cama se preocupando em não ser capaz de dormir, descobriu que as tentativas de parar ou suprimir esses tipos de pensamento intrusivo são contraproducentes, e realmente podem perpetuar o problema. Uma pesquisa conduzida por Alison Harvey da Universidade de Oxford, em 2003, descobriu que não só os insones se sentiam menos no controle de seu pensamento pré-sono (descrito como atividade cognitiva pré-sono) e eram mais propensos a tentar conscientemente controlar e suprimir esses pensamentos do que aqueles que dormem bem, mas quando os participantes do estudo foram explicitamente instruídos a tentar suprimir um pensamento intrusivo particular na hora de dormir, eles relataram que levaram mais tempo para adormecer e sua qualidade de sono era pior do que aqueles que não foram instruídos a controlar esses pensamentos (5). Tentar parar de pensar em ir dormir só fará você se concentrar mais nesses pensamentos da mesma forma que a experiência com o elefante cor-de-rosa mostrou que não pensar em um elefante é uma maneira garantida de ter certeza de que é tudo o que você pensa. Grande parte do tratamento para a insônia, que também é muito útil para aqueles de nós que estão privados de sono e precisam acalmar as mentes ocupadas, promove o uso de técnicas de distração. Tais técnicas parecem facilitar o início do sono e reduzir o desconforto associado a pensamentos intrusivos ou preocupantes, em vez de realmente tentar pará-los ou modificá-los (6) – métodos de distração e atenção são discutidos na seção Dicas, ferramentas e técnicas para experimentar.

Os tipos de pensamentos intrusivos com os quais você pode estar lutando quando está tentando adormecer foram categorizados em seis grupos diferentes (7):

- Tópicos triviais
- Pensamentos sobre o sono
- Preocupações familiares e de longo prazo
- Preocupações e planos positivos
- Preocupação com as sensações corporais
- Trabalho e preocupações recentes

E a preocupação ou ruminação durante a fase de pré-sono pode ser categorizada em oito tipos diferentes, cobrindo resolução ativa de problemas, monitoramento do seu estado atual e reação ao seu ambiente (8):

- Ensaio/planejamento/resolução de problemas ("O que preciso fazer no trabalho amanhã?").

- Dormir e as suas consequências ("Se eu não conseguir dormir agora mesmo, vou me sentir mal amanhã").
- Reflexão sobre a qualidade dos pensamentos ("Por que não tive essa grande ideia na reunião?").
- Estado de excitação ("Por que não tenho sono?").
- Ruído externo ("Ouvi um barulho lá embaixo?").
- Experiências autônomas ("Por que o meu coração está acelerando?").
- Fatores processuais ("Tenho que me lembrar de marcar uma consulta no dentista").
- Levantar-se da cama ("Tenho que começar cedo, não devo dormir de novo").

Dicas, ferramentas e técnicas para experimentar

- Reduzir a atenção seletiva
  Quando estamos ansiosos, restringimos nossa atenção ao foco na ameaça potencial no ambiente, ignorando outros estímulos irrelevantes. Embora este seja um mecanismo extremamente eficaz se somos confrontados com uma ameaça genuína, ficar ansiosos e encorajar o nosso cérebro a focar a atenção nos pensamentos da nossa cabeça quando estamos tentando dormir não é particularmente útil (para resolver a preocupação ou adormecer).
  Em 2007, pesquisadores do sono realizaram um estudo para demonstrar efetivamente a perturbação causada ao sono como resultado dessa atenção seletiva. Os pacientes com insônia foram alocados em dois grupos. O primeiro grupo recebeu um relógio digital para o quarto, e o segundo, um relógio idêntico, mas com uma diferença crítica, os dígitos apresentados eram totalmente aleatórios (por isso era inútil para ver as horas). O estudo descobriu que não só os participantes com o relógio "real" superestimaram a quantidade de tempo que levaram para adormecer, como também a

superestimaram significativamente mais do que o outro grupo de pacientes com o relógio digital aleatório. Talvez mais importante ainda, não só parecia que eles estavam acordados por mais tempo, como também a análise dos dados do sono verificou que nos primeiros sessenta minutos depois que o grupo do relógio "real" adormeceu, eles acordaram mais do que o grupo com o *display* digital aleatório – uma diferença na qualidade do seu sono. Ambos os grupos tinham insônia, mas aqueles que foram capazes de concentrar sua atenção sobre a passagem certa do tempo, olhando para um relógio real, e, portanto, começaram a desenvolver ansiedade em torno da necessidade de adormecer rapidamente, tinham reduzido a qualidade de seu sono (9).

º Tente reduzir os estímulos que provocam ansiedade no seu quarto, removendo o celular, *notebook* e *tablet*, e virando o seu relógio ao contrário (para que o alarme ainda funcione, mas não consiga ver as horas).

- Técnicas de distração por meio de *mindfulness*
  As intervenções para melhorar o sono por meio de *mindfulness* são baseadas na pesquisa discutida anteriormente sobre atenção seletiva.

  Em vez de se concentrar nos pensamentos e sentimentos intrusivos, ou de tentar parar de se concentrar neles, a prática fornece uma consciência intencional do momento presente, incluindo todas as sensações corporais, ajudando a reduzir o foco da atenção no processamento cognitivo. Estudos encontraram uma relação positiva entre a prática de técnicas de *mindfulness* e a sensação de descanso após o sono (10), bem como uma melhoria na qualidade dele em pacientes com câncer de mama e de próstata que praticavam tais técnicas (11). Para a insônia, os efeitos da meditação foram também muito positivos, tendo a pesquisa encontrado uma redução de cinquenta por cento no tempo total acordado após a sua prática combinada com terapia comportamental, todos os pacientes, exceto dois, já não tinham insônia clinicamente significativa no final do estudo, melhorias que se mantiveram doze meses mais tarde para 61 por cento dos pacientes (12). Finalmente, um estudo de 2011 constatou que os participantes que praticavam meditação tiveram melhorias significativas na duração total do sono, na eficiência dele e no adormecimento mais rápido – tanto a quantidade como a qualidade do sono melhoraram (13).

○ Há agora uma vasta seleção de livros e aplicativos para meditação disponível no mercado, e que funciona melhor para você é uma escolha pessoal. O ponto principal é perseverar e tentar praticar durante pelo menos dez minutos por dia.

- Criação de uma imagem visual
Pesquisadores descobriram que pensar na forma de fotos e imagens levou à resolução da preocupação, enquanto pensar na forma de frases leva à manutenção contínua dessa preocupação (14).

○ Se você acha que está deitado na cama preocupado ou ruminando, então tente converter seu pensamento em imagens, e visualize a preocupação em vez de articulá-la em sua cabeça por meio de palavras e frases.

- Escrita em formato livre
Uma das razões pelas quais os indivíduos frequentemente relatam uma "mente ocupada" que os impede de adormecer é a sensação de que têm que lembrar-se de tudo em que estão pensando até que seja acionado ou pelo menos anotado, e, claro, quando você está deitado na cama, a tentação é continuar a processar toda a informação, ou tentar forçar-se a "desligar" dizendo a si mesmo para parar de pensar (o que agora sabemos que não vai funcionar, é provável que o faça focar ainda mais nos pensamentos). A escrita livre é muitas vezes usada por escritores para liberar a criatividade, mas neste contexto é muitas vezes uma forma útil de acalmar

uma mente ocupada pelo "truque" de sentir que tudo o que está sendo mantido em seu cérebro está agora no papel. A chave, no entanto, é garantir que você deixe pelo menos um intervalo de duas horas entre completar a escrita livre e ir para a cama, caso contrário a técnica pode apenas reforçar seus processos de pensamento em vez de permitir que "esvazie sua cabeça".

°   A técnica envolve escrita contínua, por um período predeterminado (comece com cinco minutos e depois continue ao longo do tempo até dez minutos). Escreva o que vier à sua cabeça, sem qualquer preocupação com ortografia ou gramática e não faça correções (o que você escreve não precisa fazer sentido nenhum). Não pare, e não pense demais no que escreve. Você não está completando uma lista de coisas a fazer, ou um romance; está usando o exercício como uma forma de "esvaziar a cabeça" de todos os pensamentos que estão se acumulando, mas você não precisa dar sentido a nenhum deles. Se chegar a um ponto em que não consegue pensar em nada para escrever, então *escreva* que não consegue pensar em nada para escrever, até encontrar outra linha de pensamento. Tente escrever livremente, deixando que os pensamentos o levem aonde podem.

- Criação de espaço de preocupação

A ruminação é um fato da vida – o quanto ruminamos varia de pessoa para pessoa, mas todos nós refletimos sobre os nossos sucessos e fracassos, embora mais frequentemente os fracassos sejam aqueles que mais nos preocupam. Tentar parar a preocupação e a ruminação inteiramente não é prático nem exequível e, de fato, uma pesquisa recente descobriu que alguma ruminação pode realmente ajudar a resolver o problema se ela estiver focada em ações (isto é, como fazer algo diferente da próxima vez) em vez de em como o fracasso o fez sentir-se (15). No entanto, quando ruminamos é fundamental. Se você tem uma agenda louca, está ocupado a maior parte do dia e seu único horário realmente calmo é na cama, então é quando vai aproveitar a oportunidade para ruminar ou se preocupar, e é quando isso é menos eficaz e vai interromper o seu padrão de sono.

° Tente criar um espaço no dia como "tempo de preocupação", e isto não deve ser antes de ir para a cama, ou enquanto estiver tentando adormecer. Tente encontrar um período de trinta minutos em que possa encontrar um local sossegado e passe esse tempo em cogitação e ruminação, sabendo que é um período discreto, e que está suficientemente longe da hora de dormir para não interferir com o seu horário de sono.

8
FATORES FISIOLÓGICOS - CAFEÍNA, ÁLCOOL E EXERCÍCIO FÍSICO

CAFEÍNA

A cafeína é apenas uma das duas drogas que circulam naturalmente e são adicionadas a uma grande variedade de alimentos e bebidas (para os nerds entre nós, a outra é o quinino). Na América do Norte e no Reino Unido, entre 82 e 95 por cento dos adultos consomem regularmente cafeína (1), vinda de várias formas, incluindo café, chá, bebidas gaseificadas e energéticas, chocolate, analgésicos, medicamentos para resfriados e alergias, pílulas de dieta e até mesmo sorvetes. Sim, mesmo um sorvete com sabor de café pode conter tanta cafeína como uma lata de Coca-Cola.

De acordo com um relatório da Food and Drug Administration de 2008, a quantidade média de cafeína consumida por dia nos Estados Unidos é de aproximadamente trezentos miligramas (de quatro a cinco xícaras) (3), sendo a maioria tomada como café. Mais de dois bilhões de xícaras de café são consumidas todos os dias (são necessários 42 grãos

Produto	Tamanho da porção	Cafeína média (mg)
Expresso	2 oz	100
Café instantâneo	8 oz	40–108
Café descafeinado	8 oz	5–6
Chá de erva	7 oz	50–60
Coca-Cola	12 oz	45
Dr. Pepper (refrigerante)	12 oz	41
Red Bull	8,3 oz	67
Barra de chocolate	28 g	15

Trata-se de dados dos EUA – há variações significativas nos níveis de cafeína (e açúcar) de país para país (2).

para fazer um expresso) e o café é a segunda maior exportação, medida em dólares americanos, depois do petróleo (4).

A cafeína, consumida por meio da comida ou bebida, demora entre 30 e 75 minutos para atingir o que é conhecido como níveis plasmáticos máximos, ou seja, leva apenas de meia hora a uma hora ou mais antes que atinja o seu maior efeito, mas pode permanecer no corpo significativamente mais tempo, com uma meia-vida (o tempo necessário para a quantidade de cafeína no corpo se reduzir pela metade) entre três e sete horas, dependendo da tolerância individual (2).

Embora você precise beber cerca de 75 xícaras de café em um período relativamente curto (quatro a cinco horas) para que ele seja fatal (5), há pouca dúvida entre os pesquisadores do sono de que apenas uma quantidade muito pequena de cafeína pode reduzir tanto a quantidade quanto a qualidade do seu sono. Mas, é claro, a relação entre o sono e a cafeína é bidirecional – sim, o consumo de cafeína, particularmente próximo da hora de dormir, pode levar a perturbações do sono, mas o próprio mau sono leva frequentemente a um aumento do consumo de cafeína no dia seguinte, devido a suas propriedades que melhoram o desempenho e a vigília (2). Essa relação bidirecional pode, no entanto, tornar-se muito facilmente cíclica, com os indivíduos usando cafeína para ficarem acordados e manterem um certo nível de desempenho durante o dia, levando a grandes quantidades de cafeína no corpo, resultando numa interrupção do sono nessa noite, criando cansaço e fadiga no dia seguinte. Isto é exatamente o que os investigadores do sono encontraram. Demonstrou-se que o uso de cafeína está associado à sonolência diurna, com indivíduos que relatam os sintomas mais graves do sono (um mês ou mais de sono perturbado) também relatando o maior consumo de cafeína (mais de sete xícaras de café por dia) (2), e a prevalência de sonolência foi duas vezes maior em usuários elevados de cafeína do que em usuários moderados (6).

Em um estudo de neuroimagem realizado em 2008, pesquisadores, examinando o cérebro dos participantes, descobriram que apenas cem miligramas de cafeína tomados durante uma tarefa de memória (a menor quantidade encontrada para ter qualquer benefício cognitivo (7), equivalente a uma ou duas xícaras de café) levaram ao aumento da atividade no córtex pré-frontal do cérebro (8). Sabemos pelos capítulos sobre os efeitos de dormir mal que o córtex pré-frontal é uma estrutura cerebral crítica para "funções executivas", tais como memória, tomada de decisão, processamento de informação e aprendizagem e, portanto, talvez não seja surpreendente que a cafeína, conhecida por melhorar o desempenho em tarefas como memória e velocidade de processamento de informações, tenha um efeito sobre essa região específica do cérebro, embora doses superiores a duzentos miligramas sejam geralmente necessárias para ver melhorias no desempenho em tempo de reação, atenção e memória. Além disso, quanto mais insuficiente o sono do indivíduo, maior a dose de cafeína necessária para ver os benefícios cognitivos (5).

Figura 8.1 *O ciclo cafeína/sono.*

A cafeína também melhorou tanto o desempenho físico quanto a resistência, e embora esses aumentos não sejam profundos de forma alguma, no esporte profissional, em que qualquer forma legítima de ganhos incrementais é crítica, e apenas pequenas margens são a diferença entre sucesso e fracasso, a cafeína é frequentemente usada. A utilização generalizada da cafeína no desporto é tal que, embora já tenha sido proibida pela Agência Internacional Antidoping, foi retirada da sua lista devido à sua ampla utilização em todo o mundo (5). Num estudo que analisou os efeitos da privação de sono e da cafeína nas habilidades de passes em jogos de *rugby* de jogadores de elite, verificou-se que, enquanto dormiam durante três a cinco horas na noite anterior, a capacidade dos atletas de realizar a manobra de passes de bola repetida diminuiu, uma dose única de 1 mg/kg de cafeína neutralizou o efeito do mau sono na medida em que o seu desempenho era equivalente ao do grupo sem privação de sono. Além disso, os pesquisadores não encontraram diferença entre uma dose de 1 mg/kg ou 5 mg/kg, embora os jogadores tenham relatado sentir-se ligeiramente enjoados e "nervosos" após a dose de 5 mg/kg (assim, a dose maior estava tendo um efeito fisiológico, mas não um efeito sobre o desempenho além da dose menor de 1 mg/kg de cafeína) (9).

Juntamente com as propriedades da cafeína que melhoram o desempenho vem a potencial perturbação do sono, tanto em termos de qualidade como de quantidade, mesmo nos esportes de elite. Em 2014, pesquisadores da Universidade de Sydney, da Faculdade de Ciências da Saúde, conduziram um experimento com ciclistas/triatletas masculinos que foram convidados a participar de uma sessão de treinamento de oitenta minutos à tarde seguida de uma prova de ciclismo. Uma hora antes da sessão de treinamento, cada atleta recebeu uma dose de cafeína (3 mg/kg) que foi repetida quarenta minutos após a sessão de treinamento. No final da prova, os ciclistas seguiram sua rotina normal de sono em um laboratório (eles já haviam dormido lá antes para garantir a "aclimatação") e sua quantidade e qualidade de sono foram medidas. Embora o consumo de cafeína tenha levado a uma melhora de quatro por cento no desempenho da prova (o que para atletas de elite é uma vantagem significativa), o exercício combinado com a cafeína levou a interrupções pronunciadas em uma variedade de aspectos do sono dos participantes. Os indivíduos demoraram mais de cinquenta minutos para adormecer, o que foi um aumento de cinco vezes em seu tempo habitual, e também demonstraram uma redução de 16 a 17 por cento no tempo total de sono, um nível semelhante de diminuição na eficiência do sono e uma redução de 38 por cento na duração do sono REM. Neste estudo, a cafeína foi consumida mais de cinco horas antes de dormir e, no entanto, houve efeitos negativos significativos tanto na qualidade quanto na quantidade de sono, a ponto de o tempo necessário para adormecer (mais de cinquenta minutos) ser suficiente para ser classificado como indicativo de insônia (que requer uma latência de início do sono de trinta minutos ou mais) (10).

Como este livro é destinado ao profissional que trabalha, o mundo dos atletas de elite não vai ser comum para a maioria de nós. No entanto, dado o efeito da cafeína, mais de cinco horas antes de dormir, nos padrões de sono de indivíduos extremamente saudáveis e em forma, qual é o efeito da cafeína em você ou em mim? Há um grande e consistente corpo de pesquisa demonstrando que o consumo de cafeína, particularmente dentro de uma ou duas horas antes da hora de dormir (mas lembre-se do período de cinco horas antes no estudo do ciclista), aumenta o tempo necessário para adormecer, aumenta o número de vezes que os indivíduos acordam durante a noite e reduz a quantidade de sono profundo vital (sono de onda lenta) obtido durante a noite, com estas alterações negativas nos padrões de sono tornando-se maiores com o aumento da quantidade de cafeína consumida (11). Além disso, e particularmente relevante para as populações trabalhadoras, os adultos de meia-idade (definidos neste estudo como os de 40 a 62 anos) foram considerados mais suscetíveis a doses mais elevadas de cafeína (quatrocentos miligramas, o equivalente a quatro ou cinco cafés fortes) do que os adultos mais jovens, com um consumo de quatrocentos miligramas de cafeína (duzentos miligramas, três horas antes de dormir e duzentos miligramas, uma hora antes de dormir) levando à redução da quantidade do seu sono em uma hora e meia! (11). Finalmente, num estudo bastante extremo, onde os voluntários foram mantidos em condições altamente controladas durante 49 dias (sim, você leu isso corretamente, 49 dias!), o consumo de cafeína equivalente a um expresso duplo três horas antes de dormir (cada noite durante as 49 noites) levou a um atraso de quarenta minutos no seu ritmo de melatonina circadiana. Houve um efeito fisiológico sobre o corpo com um atraso na secreção de melatonina como resultado da ingestão de apenas um expresso, três horas antes de dormir, levando a um aumento significativo no tempo necessário para que eles adormecessem (12). Embora eu duvide que muitos de vocês bebam um expresso todas as noites antes de dormir, a cafeína muitas vezes faz parte de um padrão habitual, como uma rotina de relaxamento à noite, um hábito que pode valer a pena ser revisto, especialmente se você consumir cafeína dentro de duas ou três horas antes de ir para a cama.

Dicas, ferramentas e técnicas para experimentar

- Reduzir o consumo de cafeína
  A pesquisa descobriu que os insones que diminuíram seu consumo de cafeína também diminuíram suas noites de sono ruim de uma média de 4,8 por semana para 1,2 noites por semana (13).
  - Dada a mensagem consistente da pesquisa sobre a ligação entre a cafeína e a falta de sono, considere parar de comer e beber cafeína após a hora do almoço. Se uma bebida quente fizer parte da sua rotina noturna, mude para uma bebida sem cafeína, ou para café descafeinado (que tem apenas uma quantidade muito pequena de cafeína residual). Isto não só pode ajudar a melhorar a qualidade e a quantidade do seu sono, como também ajudará a quebrar o padrão cíclico entre o sono, a cafeína e a sonolência diurna.

ÁLCOOL

Desde o início do século XIX, os pesquisadores têm procurado compreender o impacto do consumo de álcool no sono, tanto em termos de alterações na duração dele quanto no tipo de sono que os indivíduos experimentam. Em 1883, quando Monninghof e Piesbergen observaram a profundidade do sono em seus participantes, descobriram que o consumo de álcool aumentava a velocidade com que os participantes dormiam e a sonolência inicial de seu sono, mas que eles se tornavam mais inquietos e facilmente perturbados mais tarde na noite (1). Estas observações, 130 anos depois, são ainda hoje tão relevantes como eram em 1883 e, no entanto, são apenas os aspectos do álcool que promovem o sono, e não seus efeitos perturbadores, que parecem estar no centro das atenções. De fato, os aspectos do álcool como promotor do sono fazem dele um dos auxiliares utilizados mais vendidos (2).

Se você já tomou uma ou duas bebidas alcoólicas relativamente perto da hora de dormir, sabe que o álcool é um sonífero muito potente. Ok, então, talvez não se tenha sentado à mesa da sala de jantar, bebido o segundo copo de vinho e, enquanto bocejava, comentado com o seu parceiro, "Meu Deus, o vinho é mesmo um potente sonífero, acho que vou para a cama". No entanto, já terá experimentado os efeitos soníferos – beber álcool à noite (para consumidores sociais não alcoólatras) reduz o tempo necessário para adormecer e aumenta a qualidade e a quantidade do seu sono não REM (3). É por isso que é visto como uma ajuda muito eficaz para dormir. No entanto (tinha que haver um capítulo sobre as causas do sono *insuficiente*), estes efeitos "positivos" são de curta duração, porque o álcool é metabolizado no corpo de forma relativamente rápida (4), e há interrupções no sono na segunda metade da noite, independentemente da quantidade de álcool consumida (1).

Em 2013, Irshaad Ebrahim, diretor médico do London Sleep Centre, e os seus colegas do Departamento de Psiquiatria da Universidade de Toronto concluíram uma avaliação de "todos os estudos científicos conhecidos sobre o impacto da ingestão de álcool no sono noturno em voluntários saudáveis" (1). Considerando que os efeitos do álcool são diferentes na primeira e na segunda metade da noite, os pesquisadores categorizaram os resultados em descobertas da primeira metade da noite, da segunda metade e da noite inteira. Além disso, essa revisão abrangente examinou a pesquisa usando doses baixas (de uma a duas bebidas padrão), doses moderadas (de duas a quatro bebidas padrão) e doses altas de álcool (mais de quatro bebidas padrão) para ver se os efeitos do consumo de álcool sobre o sono foram determinados pela quantidade de álcool consumida. Em todos os níveis da dose, beber álcool reduziu a quantidade de tempo que os indivíduos levavam para adormecer (efeito sonífero); no entanto, enquanto esse efeito também contribuiu para uma redução na quantidade de tempo que os indivíduos passavam acordados (conhecido como "acordar após o início do sono") durante a primeira metade da noite, a quantidade de tempo que eles passavam acordados durante toda a noite realmente aumentou (1). Beber álcool, independentemente de ser uma quantidade relativamente pequena de apenas um ou dois copos, ou um consumo maior de quatro ou mais copos, fez com que os participantes passassem mais tempo acordados durante toda a noite do que se não tivessem bebido nada. O sono relativamente tranquilo na primeira metade da noite tornou-se muito mais perturbado na segunda metade, a ponto de, durante toda a noite, a quantidade de despertares ser pior do que uma condição sem álcool – portanto, qualquer benefício de um sono "bom" desapareceu assim que o álcool foi metabolizado, e o sono tornou-se muito mais perturbado.

Ebrahim e seus colegas pesquisadores descobriram que em estudos em que os participantes haviam consumido uma quantidade significativa de álcool antes de dormir (quatro ou mais bebidas), o aumento no sono profundo (sono lento) encontrado para todas as doses de álcool na primeira metade da noite também continuou na segunda metade para esses grupos de bebedores pesados (1). O consumo de grandes volumes de álcool se correlacionou com o aumento do sono de ondas lentas durante a noite. Pode parecer intrigante, e talvez você já use isso como desculpa para beber demais no final de semana – "oh, pode deixar, vou tomar outra bebida porque preciso mesmo melhorar o sono profundo e ainda não bebi o suficiente". Mesmo dizendo isso soa um pouco absurdo, mas se você precisa ser mais convincente de que esta não é uma abordagem saudável para o sono, ou para o bem-estar geral, considere os seguintes pontos:

1. Consumir quatro ou mais bebidas alcoólicas por noite pode melhorar a quantidade de sono profundo que você ganha durante a noite, mas a que custo? Quatro bebidas por noite, todas as noites durante uma semana, são 28 bebidas. Se assumirmos que cada bebida foi um copo de vinho de 175 ml a doze por cento ABV (álcool em volume), isso equivale a 2,1 unidades 28 vezes, o que dá 58,8 unidades por semana.[1] Dado que o número recomendado de unidades por semana para homens e mulheres no Reino Unido é atualmente de quatorze (5), isto significa que, para potencialmente ganhar algum aumento no sono profundo, seria necessário beber mais de três vezes o número recomendado de unidades por semana, todas as semanas. Claro, as implicações para a saúde deste fato são muito graves e, se esta situação se mantiver, é provável que a obtenção de um sono de boa qualidade seja insignificante em comparação com potenciais preocupações de bem-estar físico e mental que possam surgir.

2. O que acha que acontece com a sua qualidade de sono quando você é acordado com choques elétricos com frequência durante a noite? E se você está sofrendo com uma dor crônica? Obviamente, nenhuma dessas situações produz os melhores resultados no sono, e ainda assim o tipo de atividade elétrica no cérebro observada nelas é semelhante à encontrada em um estudo que analisou os efeitos do consumo de álcool em jovens de 18 a 21 anos saudáveis. Nesse experimento, os participantes foram monitorados em um laboratório do sono por duas noites consecutivas (mais a primeira noite de aclimatação). Numa das noites experimentais

foi dada uma bebida alcoólica uma hora antes de se apagarem as luzes (vodca e laranja) e na outra noite um placebo (laranja com um pouquinho de vodca para que não soubessem se era uma bebida alcoólica ou não). Os resultados mostraram que enquanto houve aumento do sono profundo (atividade elétrica "delta") durante a primeira metade da noite, entre os participantes que beberam vodca e laranja em relação à noite em que tomaram o placebo, houve também aumento da atividade cerebral "alfa" na noite do álcool. Esta ativação do cérebro alfa não é tipicamente vista no cérebro adormecido saudável, e indica interrupção do sono, semelhante ao observado em pacientes com dor crônica ou em estudos experimentais em que os participantes são acordados durante a noite por leves choques elétricos. A interrupção também foi bastante significativa nesse estudo; houve um aumento de 117 por cento na ativação do nível alfa em comparação com apenas 28 por cento na ativação delta – o aumento na qualidade do sono profundo parece ser contrabalançado por um aumento muito mais significativo na interrupção do sono (6).

Dicas, ferramentas e técnicas para experimentar

- Aumentar o tempo entre o consumo de álcool e a cama. Dado que o consumo de álcool, mesmo em doses relativamente pequenas, pode diminuir o tempo que leva para adormecer, é tentador confiar no álcool quando se está lutando com seus padrões de sono. No entanto, a diminuição do tempo para adormecer e o potencial aumento do sono profundo na primeira metade da noite são contrastados com o aumento do despertar na segunda metade da noite, possivelmente como resultado de um sono mais leve durante este período. Além disso, pesquisas também constataram que sonhos e pesadelos ocorrem mais frequentemente após o consumo de álcool (7), o que também pode agravar o ronco e exacerbar condições como a apneia obstrutiva do sono devido ao efeito do álcool no enfraquecimento do tônus muscular do dilatador faríngeo (8).

- ° Tente deixar pelo menos três horas entre beber álcool e ir para a cama.

- Abstinência de álcool
Uma pesquisa que examinou o efeito do álcool administrado seis horas antes de dormir (na hora de dormir o álcool não era detectável em um teste de ar expirado) revelou que o efeito "residual" dele levou à redução da eficiência do sono, uma redução na quantidade total de sono na segunda metade da noite, juntamente com o dobro do tempo total de vigília durante a noite (9).

  - ° Se você achar que a qualidade e a quantidade do seu sono são muito prejudicadas pelo consumo de álcool, então tente abster-se completamente de beber por um período de uma semana ou mais e veja se isso melhora o seu padrão de sono. A diferença pode não ser observada imediatamente, por isso persevere.

EXERCÍCIO

O que Ryan Giggs, David Beckham, Sir Chris Hoy e Jason Kenny têm em comum? Que tal Chelsea, Manchester City e Southampton Football Clubs e os times de competição de trenó, BMX e remo olímpico britânico? Todos são atletas de elite, ou equipes de elite, e todos contrataram um treinador de sono profissional para fornecer conselhos e orientações sobre como melhorar a duração e a qualidade do sono (1). No mundo do esporte profissional, os ganhos marginais são críticos, e os cientistas esportivos agora se voltam para o campo do sono para aumentar a vantagem competitiva, seja apoiando os atletas nos seus regimes pessoais de sono, seja criando melhores ambientes para isso, como as cadeiras do sono instaladas no estádio de treino do Manchester United Carrington para que os jogadores possam dormir entre sessões duplas durante o verão, ou o novo complexo do Manchester City Football Club, de duzentos milhões de libras, que tem 32 quartos suíte decorados com "papel de parede indutor do sono"[1] (2).

Em 2011, pesquisadores da Stanford Sleep Disorders Clinic da Universidade de Stanford, nos Estados Unidos, realizaram um estudo para analisar o efeito do aumento da duração do sono em jogadores universitários de basquete. Em vez de abordar isso de um ângulo de privação, e querendo ver o que acontece com o desempenho esportivo quando os indivíduos não dormem o suficiente, esses pesquisadores esperavam mostrar que poderiam melhorar o desempenho aumentando o sono – um copo meio cheio em vez de um copo meio vazio. Eles reuniram onze jogadores de basquete universitários, uma pequena amostra em termos de número de participantes, mas certamente não em termos de altura (média de 1,95 m), e pediram que dormissem tanto quanto fossem capazes durante cinco a sete semanas (visavam um sono de dez horas por noite). Durante esse tempo, eles também foram orientados a parar de beber cafeína e álcool. Não só o humor e o bem-estar físico geral dos jogadores aumentaram como resultado de dormir mais, como também se tornaram mais rápidos num *sprint* cronometrado e, talvez mais fundamentalmente para os jogadores de basquete, a precisão de lances melhorou em nove por cento (3).

Dada a importância do sono no funcionamento físico e cognitivo, talvez não seja surpreendente que a boa qualidade e quantidade de sono melhore o desempenho esportivo, seja você um atleta de elite ou um praticante semanal de ginástica. Mas e o efeito do exercício no sono? Se um sono de boa qualidade e com a duração certa pode melhorar o desempenho atlético, o inverso é verdadeiro, o próprio exercício pode melhorar o sono? A maioria dos estudos que examinam esta relação descobriu que o exercício físico regular produz benefícios significativos para o sono e, como resultado, a Academia Americana de Medicina do Sono recomenda o exercício como uma medida de higiene do sono, mas não à noite, devido aos possíveis efeitos fisiológicos e cognitivos do exercício no cérebro e no corpo (4). Este é um ponto importante – o exercício pode ter um efeito muito positivo nos padrões de sono de um indivíduo, mas o momento do exercício é fundamental. Além disso, a pesquisa também considerou não apenas a contribuição de *quando* você faz o exercício, mas também que *tipo* de exercício melhora a qualidade e a quantidade de sono, e por *quanto tempo* você precisa se exercitar.

Na sequência da Academia Americana de Medicina do Sono, o consenso atual de várias revisões da pesquisa é que o exercício antes do meio-dia tem pouco efeito nos padrões de sono subsequentes; aproximadamente uma hora de atividade aeróbica moderada durante a tarde pode melhorar a quantidade de sono profundo que um indivíduo tem aquela noite, além disso, foi demonstrado que diminui a quantidade total de tempo que uma pessoa acorda durante a noite, e que o exercício mais tarde à noite, particularmente se for de alta intensidade, pode prejudicar o sono (5). O momento do exercício, portanto, é fundamental, não só para saber se o exercício tem algum efeito sobre o sono, mas também se o efeito é, de fato, benéfico ou prejudicial. Por exemplo, pesquisadores que compararam os efeitos do exercício às 14h e às 20h constataram que os participantes demoraram mais tempo para adormecer, acordaram mais vezes à noite e tiveram sono menos profundo (onda lenta) quando se exercitaram às 20h em relação às 14h e, além disso, o grupo de exercício das 14h dormiu mais tempo durante a noite e teve melhor eficiência do sono (6).

Em termos do *tipo* de exercício que tem impacto, uma grande revisão de 66 estudos sobre sono e exercício comparou os efeitos do exercício "acentuado" e "regular". Em sua análise, os pesquisadores definiram "acentuado" como menos de uma semana de exercício, e regular como igual ou mais de uma semana de exercício, antes do estudo do sono. Praticamente, a diferença aqui é entre os efeitos sobre o sono de um indivíduo que não faz exercício, mas é convidado a fazê-lo para fins de um estudo do sono em comparação com o de uma pessoa que já tem uma rotina de exercício regular. Os pesquisadores descobriram que *tanto* o exercício acentuado quanto o regular beneficiaram o sono, mas que os efeitos foram mais fortes para os estudos de exercícios regulares. Melhorias no sono, mesmo para exercícios acentuados, incluíram aumento da duração do sono, redução do tempo para dormir, maior eficiência do sono, sono mais profundo (onda lenta) e menos despertares noturnos (7). Portanto, não há realmente nenhuma desculpa – mesmo que você não se exercite regularmente, começar a fazer exercício pode melhorar sua duração e qualidade do sono, e se você continuar seu regime de exercícios, os efeitos se tornarão mais fortes.

Então, finalmente, quanto tempo de exercício é necessário? Embora a literatura sobre o tempo de exercício não seja tão grande quanto a pesquisa sobre o tipo dele ou a importância do período do dia, um estudo que combinou os resultados de 38 pesquisas sobre sono e exercício mostrou que o tempo empregado pelos participantes foi uma variável importante no impacto posterior do exercício sobre o sono. No exercício de mais de uma hora de duração parece ser quando os benefícios para o sono são encontrados (8) e, geralmente, quanto maior o tempo de exercício, maior o benefício para o sono subsequente (7).

Dicas, ferramentas e técnicas para experimentar

- Importância do exercício
Mesmo que você não faça exercício atualmente, apenas uma semana de exercício moderado pode melhorar a qualidade e a quantidade de sono, incluindo te ajudar a adormecer mais

rápido, acordar menos durante a noite e ter um sono mais profundo (7).

° Comece um regime de exercício moderado; você deve notar os benefícios naquela noite. Continuando a exercitar, e desenvolver uma rotina de exercício regular, os benefícios para o seu sono subsequente continuarão a aumentar.

- Momento do exercício
  De acordo com o corpo da pesquisa, os efeitos mais benéficos do exercício sobre o sono acontecem se você se exercitar quatro a oito horas antes de dormir (9). Isso permite que quaisquer alterações fisiológicas que ocorram com o exercício, como a secreção de cortisol e endorfinas e o aumento da atividade cardiovascular (como a elevação da frequência cardíaca) tenham sido reguladas (4), e a excitação cognitiva, muitas vezes associada ao exercício (um dos muitos benefícios do exercício regular) seja reduzida, para que você possa relaxar e descontrair de forma eficiente.

  ° Ao programar o exercício, tente, sempre que possível, deixar pelo menos quatro horas de distância antes de ir para a cama. O exercício de manhã é certamente melhor do que nenhum exercício,[2] mas pode ter apenas um pequeno ou nenhum efeito no seu sono, por isso, se você for capaz de adiar a sessão de exercício matinal até a hora do almoço ou um pouco mais tarde, isto pode ter um impacto positivo no seu sono.

- Duração do exercício
  ° Sempre que possível, tente fazer exercício durante pelo menos uma hora para maximizar os benefícios prováveis para o seu sono.

9

FATORES FISIOLÓGICOS –
TURNOS DE TRABALHO E *JET LAG*

TURNOS DE TRABALHO

"Após uma análise e discussão exaustivas das provas científicas publicadas, um grupo de trabalho de peritos, convocado pela Agência Internacional para a Investigação sobre o Programa de Monografias do Câncer, concluiu que o trabalho por turnos que envolve a perturbação circadiana é provavelmente cancerígeno para os seres humanos" (1). Conforme discutido no capítulo sobre sono e saúde física, a OMS classificou o trabalho por turnos, em que os ritmos do sono que ocorrem naturalmente são afetados, como potencialmente causadores de câncer. Para a organização, o trabalho por turnos situa-se na mesma categoria de risco de câncer (grupo 2A) que o gás mostarda, os esteroides anabolizantes e a exposição profissional à refinação do petróleo. Tendo em conta esta afirmação categórica, talvez não seja surpreendente que um grande estudo com enfermeiras tenha encontrado um aumento de 36 por cento no risco de câncer da mama no trabalho por turnos (2), e que um estudo realizado com mulheres dinamarquesas com idades compreendidas entre 30 e 54 anos tenha concluído que as que trabalhavam à noite durante pelo menos seis meses tinham um aumento de cinquenta por cento no risco de câncer da mama, mesmo tendo em conta fatores importantes como a história reprodutiva e o status socioeconômico (3).

Mas temos que ser claros, o trabalho por turnos per se não provoca câncer; a expressão "perturbação circadiana" é crítica no comunicado de imprensa da OMS. O trabalho por turnos não causa câncer, mas *afeta* os ritmos circadianos de um indivíduo e pode resultar em um risco maior de desenvolver a doença. Não é o padrão de trabalho em si, mas sim a perturbação dos processos biológicos do sono como resultado dele, que é o componente vital. Algumas pesquisas muito interessantes sobre câncer e indivíduos cegos podem ajudar a explicar este ponto. Os investigadores encontraram uma redução do risco de câncer da mama entre vinte e cinquenta por cento em mulheres cegas, e uma relação entre o nível de cegueira e o nível de risco – quanto mais grave for o nível de cegueira, menor será o risco de desenvolver câncer da mama (4). Embora as razões para esta investigação intrigante ainda estejam por ser compreendidas, foi sugerido que a melatonina (o hormônio do sono) ajuda a proteger contra o câncer da mama, uma vez que tem um efeito potencialmente inibidor do tumor. Para mulheres cegas, a secreção de melatonina não é determinada pela exposição à luz da forma como é para mulheres com visão, mas a melatonina ainda é liberada, presumivelmente ditada por um mecanismo interno em vez de luz externa e escuro, para ajudar a dormir. Para mulheres não cegas, claro e escuro são usados como um sinal externo para a liberação ou supressão de melatonina. À noite, a melatonina é liberada para ajudar a sonolência, mas para as mulheres que trabalham por turnos, especialmente no da noite, a luz artificial noturna suprime a liberação habitual de melatonina e, por conseguinte, reduz os benefícios inibidores de câncer positivos desse hormônio. Não é difícil perceber por que o trabalho por turnos prolongado pode levar a um aumento do risco de câncer, não por causa dos turnos em si, mas pelas consequências fisiológicas relacionadas com a perturbação dos ciclos.

Embora não exista uma definição legal de trabalho por turnos, considera-se geralmente que se trata de um horário de trabalho em que pelo menos cinquenta por cento dele deve ser feito fora do horário das 8h às 16h (5), com aproximadamente quinze a vinte por cento dos trabalhadores de tempo integral trabalhando em turnos alternativos (6). O mais comum é o turno da manhã (quatro da manhã a sete da manhã) (7), com o turno da tarde começando entre 14h e 18h, e o turno da noite entre 16h e 18h (8). Embora o impacto do trabalho por turnos seja maior para aqueles com turnos noturnos rotativos (particularmente os de rotações rápidas), foi demonstrado que os trabalhadores do turno da manhã têm significativamente menos sono do que aqueles que trabalham durante o dia e, na verdade, a interrupção do sono é vista como muito semelhante aos trabalhadores noturnos permanentes (9).

Como sabemos na introdução deste livro ("O despertador"), como humanos temos duas unidades de sono fundamentais: o processo linear que é determinado por quanto sono tivemos (Processo s) e os processos circadianos de 24 horas (Processo c). Para as pessoas que trabalham durante o dia e dormem à noite, estes dois processos estão geralmente alinhados (e, se não, espero que nessa altura do livro você já esteja convencido da importância de colocar os dois em alinhamento!), mas para os indivíduos que trabalham por turnos, os dois ficam desalinhados. Lembra-se da analogia da bola (Processo c) e da correia transportadora (Processo s)? No início de um turno noturno, por exemplo, seu Processo c circadiano (a bola) está lhe dizendo que está na hora de dormir (porque está escuro), mas você acabou de acordar e está no início da correia transportadora, então sua motivação para dormir é baixa (Processo s). Inversamente, no final de um turno noturno, o Processo c (a bola) está lhe dizendo para estar bem acordado porque é dia e quente, mas você acabou de trabalhar um turno de 12 horas e está exausto (Processo s). Você está no topo da correia pronto para dormir, mas a bola está no fim – o desalinhamento.

São esses tipos de desalinhamento e, como resultado, a perturbação fisiológica dos ritmos circadianos, que levam a graves consequências sociais e de saúde. Para colocar isto em contexto para aqueles de vocês que tiveram a sorte de nunca terem experimentado o trabalho por turnos, o efeito dele foi comparado a um viajante de longa distância que trabalha em São Francisco e regressa a Londres para alguns dias de descanso. Lembre-se, esta não é apenas uma viagem de negócios de uma semana; o trabalho por turnos pode ser visto como o equivalente a fazer isso *constantemente*, com a quantidade de sono sendo reduzida em até duas horas por noite (ou dia) após um turno noturno (10).

Para os quinze a vinte por cento da população ativa que trabalha por turnos e, talvez mais importante ainda, para os 4,3 por cento da mão de obra (números dos EUA) que trabalha por turnos noturnos (8), os riscos acrescidos não estão apenas relacionados com o câncer, é claro, mas com *todas as* consequências cognitivas e físicas do sono insuficiente que introduzimos na parte um deste livro. Estas incluem doenças cardiovasculares, síndrome metabólica, obesidade e aumento do IMC, bem como o aumento do risco de acidentes rodoviários e de trabalho e de perturbações sociais. Por exemplo:

Riscos	Nível de risco aumentado
Doença cardiovascular	Aumento de 40% do risco para os trabalhadores por turnos devido a alterações dos ritmos circadianos, perturbações dos padrões sociais e do apoio social, estresse, tabagismo, má alimentação e falta de exercício físico (11)
Síndrome metabólica[1]	Risco 1,5 vezes maior entre os trabalhadores por turnos tendo em conta a idade e a atividade física (12)
Obesidade	Aproximadamente 47,2% dos trabalhadores por turnos têm excesso de peso e 2,8% são obesos (13)
IMC aumentado	Uma exposição mais prolongada ao trabalho por turnos prevê um maior IMC (14)
Acidentes de tráfego	Os condutores têm 50 vezes mais probabilidades de adormecerem em torno de duas da manhã do que às dez da manhã (15), 22% dos trabalhadores por turnos rotativos tiveram um acidente de tráfego alegando sonolência como causa, em comparação com sete por cento dos trabalhadores diurnos (16)
Acidentes no local de trabalho	O trabalho noturno aumenta o número de acidentes no local de trabalho em cinquenta por cento (17)
Consequências sociais	O trabalho por turnos aumenta o risco de separação conjugal em 7% a 11% (18)

A pesquisa sobre as consequências do trabalho por turnos resulta num quadro muito sombrio, e o grande e sempre crescente conjunto de literatura sobre este assunto continua a apoiar esta relação pouco positiva. Jim Horne, em seu livro *Sleepfaring*, descreve uma peça de pesquisa particularmente impactante em que 48 mil pessoas participaram de um estudo durante um período de vinte anos, durante o qual suas práticas de saúde, sono e trabalho foram monitoradas. Das pessoas que participaram do estudo, 160 delas morreram em um acidente de trabalho em decorrência de um erro que cometeram, e os mais importantes preditores desses acidentes fatais não foram idade, escolaridade, grupo socioeconômico, carga horária ou horas extras, mas ser do sexo masculino, relatando dificuldades para dormir e trabalhando à noite (19).

É importante, no entanto, ser pragmático. Vivemos numa sociedade de 24 horas e, quer acreditemos ou não, fundamentalmente, que esta é a forma correta de existir, estamos rodeados de bens e serviços "por demanda". Mesmo que estejamos dispostos a sacrificar um pão fresco às duas da manhã ou nosso pedido de livro online às cinco da manhã pela saúde dos trabalhadores do turno, como fazemos para manter nossas casas aquecidas e nossas cidades bem iluminadas? E como ficam os nossos bombeiros e policiais, médicos, enfermeiros e profissionais de hospitais, que trabalham por turnos para garantir o acesso a cuidados médicos 24 horas por dia? O trabalho por turnos permite não só o acesso a bens e serviços de luxo, mas também a serviços de emergência 24 horas por dia. Embora não seja viável, ou mesmo desejável, erradicar o trabalho por turnos, é importante compreender:

Para os indivíduos obrigados a trabalhar por turnos, um padrão de turnos permanentes, mesmo que sejam noites permanentes, pode parecer ser a melhor opção, com a suposição de que uma rotina tranquila pode ajudar a regular o ciclo do sono. No entanto, primeiro, precisamos reconhecer as potenciais consequências sociais dos turnos noturnos permanentes, como a marginalização social (10), e, além disso, os pesquisadores descobriram que apenas uma minoria (aproximadamente

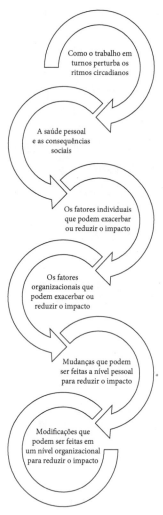

Figura 9.1 *O impacto do trabalho por turnos do individual para a organização.*

três por cento) dos trabalhadores noturnos permanentes mostram ajuste circadiano completo ao seu horário de trabalho, e menos de um quarto de ajuste suficiente para proteger contra as consequências negativas cognitivas e de saúde (8). Por conseguinte, é importante compreender o que pode ser feito para ajudar a apoiar os trabalhadores por turnos, tanto a nível pessoal como organizacional, para ajudar a reduzir o impacto do trabalho por turnos na saúde e no bem-estar.

Dicas, ferramentas e técnicas para experimentar

- Diferenças individuais
  Indivíduos no mesmo padrão de turnos podem diferir muito dramaticamente em duas consequências particulares, sonolência excessiva e insônia (9). A incapacidade de alguns indivíduos de tolerar o trabalho por turnos levou ao desenvolvimento de um distúrbio específico do ritmo circadiano conhecido como transtorno do sono no trabalho por turnos, com queixas primárias de sintomas de insônia e/ou sonolência excessiva, que não podem ser explicados por qualquer outro problema de saúde médica ou mental (20). Mesmo que os efeitos do trabalho por turnos não estejam ao nível de um diagnóstico clínico, ainda podem existir diferenças individuais significativas. Isto pode ser parcialmente explicado por uma hereditariedade genética de cinquenta por cento para vulnerabilidade à insônia (21), mas também pelos efeitos da idade, com os trabalhadores mais velhos tolerando menos o trabalho por turnos do que os indivíduos mais jovens (10).
  - ° Se você for responsável pela alocação de turnos, tente considerar a idade e as circunstâncias sociais e pessoais dos indivíduos ao decidir sobre os padrões de turnos.

- Cochilo
  Os pesquisadores descobriram que tirar um cochilo (sesta) durante um turno noturno estava associado a uma melhora significativa no desempenho dos médicos (22), e que os cochilos antes do início de um turno noturno tiveram um efeito benéfico na vigilância e no desempenho durante o trabalho (8). Além disso, descobriu-se que essa prática durante a primeira metade do turno da noite aumentava o alerta na manhã

seguinte, presumivelmente porque a primeira metade da noite, e, portanto, esse cochilo, contém sono mais lento (23).

- ° Se possível, tente cochilar antes do início do turno para reduzir o "impulso de dormir", e se você se sentir com sono durante a primeira metade do turno da noite, este também pode ser um bom momento (se possível e seguro) para tirar uma sesta.

- Escolha
A investigação revelou que dar aos trabalhadores por turnos a oportunidade de exercerem algum controle sobre o seu tempo de trabalho e a escolha do padrão de turnos ajudou a minimizar o impacto negativo do seu horário de trabalho (24).
  - ° Se você for responsável pela alocação de turnos, deve discutir as opções de turnos individualmente com o pessoal. Se sentirem que têm alguma escolha pessoal e liberdade sobre o padrão que lhes foi atribuído (sempre que possível e prático), isto pode atenuar alguns dos efeitos negativos.

- Exposição à luz
Dada a importância da luz e da escuridão como *zeitgebers* (pistas externas para sincronizar o ritmo circadiano do corpo), não é surpreendente que a pesquisa tenha descoberto que a exposição à luz brilhante pode mover o ritmo circadiano. No capítulo sobre tecnologia, temperatura e ruído, vimos como a luz pode *perturbar* os padrões de sono, mas em relação ao trabalho por turnos, a exposição à luz brilhante pode realmente *ajudar a* recalibrar os ritmos circadianos internos. A exposição à luz brilhante perto da hora de deitar (hora natural de deitar) pode atrasar em trinta minutos o relógio biológico (adormecer trinta minutos depois), enquanto que a exposição à luz brilhante aproximadamente duas horas antes do despertar pode levar a um avanço (adormecer 30 minutos antes que na noite seguinte) (8). Inversamente, o uso de óculos escuros, para

restringir a quantidade de luz que atinge os olhos, também pode ser útil para a aclimatação individual para o trabalho por turnos. Foi descoberto que no final de um turno da noite, se você precisar dar uma passada em lojas antes de ir para a cama (sob a luz solar brilhante), usar óculos escuros (pode não ser o visual mais sexy) reduz a fadiga e, quando eles são usados em combinação com luz brilhante nos momentos apropriados, podem aumentar o vigor e a duração do sono (25).

° Tente usar luz e escuridão (luzes brilhantes e óculos escuros) para ajustar seu ambiente externo ao seu próprio estado de sono e para alinhar seu ritmo circadiano.

- Direção e velocidade de rotação
  O relógio biológico humano (marca-passo circadiano) funciona naturalmente em pouco mais de 24 horas. Ou seja, sem os sinais externos (*zeitgebers*) para alinhar o relógio com o dia de 24 horas, o corpo funcionaria naturalmente em cerca de 24,5 horas. Pensa-se que esta é a razão pela qual a investigação descobriu que os turnos de rotação para a frente são menos perturbadores para a maioria dos indivíduos, com estudos que mostram que tanto a quantidade como a qualidade do sono são significativamente melhores nos turnos de rotação para a frente (8). Além disso, os turnos de rotação mais lentos também parecem permitir um ajuste mais eficaz. Por exemplo, uma pesquisa realizada em uma grande fábrica constatou que os trabalhadores em uma rotação de turnos de 21 dias relataram uma queda de setenta por cento nas reclamações sobre mudança de turno, aumento na satisfação com turnos e saúde geral, e uma redução na rotatividade de funcionários, com um aumento impressionante na produtividade da fábrica (26).

° Sempre que tiver escolha, considere turnos de rotação lenta e de movimento para a frente.

JET LAG

Em 2016, organizações em todo o mundo relataram ter gasto mais de US$ 1,2 trilhão em viagens de negócios internacionais, 1,2 trilhões de dólares *num ano*. Isto equivale a 1,5 por cento do PIB mundial, e esta despesa cresce a uma taxa de aproximadamente 6,5 por cento ao ano, que é quase o dobro da taxa de crescimento econômico global (1).

Esta viagem internacional tem um custo adicional. Um estudo conduzido pela Airbus e pela Kayak, uma empresa de férias, estimou que o *jet lag* reduziu a produtividade do negócio em aproximadamente quarenta por cento, resultando em vinte milhões de dias de trabalho perdidos por ano. Além disso, os erros cometidos no trabalho como resultado do *jet lag* foram relatados como tendo custado às organizações mais de £241 milhões nos últimos doze meses (2). Acrescente a isto não só as consequências cognitivas, sociais, emocionais e de saúde do mau sono, mas também o impacto extra no desempenho cognitivo, no humor e na vigilância, porque enquanto sofre de *jet lag* o indivíduo trabalha contra o seu ritmo circadiano natural (está acordado quando a sua temperatura corporal está baixa[1] e tenta dormir quando está alta) (3). Uma viagem internacional de negócios, que soa muito glamorosa, é normalmente tudo menos isso. Passar uma grande quantidade de tempo em um ambiente relativamente apertado, com comida restrita, sem chance de exercício ou ar fresco, desidratação devido ao ar seco da cabine, a possibilidade de hipóxia da cabine (que causa fadiga) ou trombose venosa profunda (4), não é a receita ideal para uma viagem relaxante e agradável. Como você pode estar deixando o avião e indo direto para uma reunião, o impacto de tais condições de voo são ainda mais importantes – pense sobre o efeito de um sono ruim na tomada de decisões, por exemplo. Muitos destes sintomas nem sequer requerem uma viagem de avião, uma vez que uma longa viagem por estrada ou trem também pode criar fadiga de viagem. No entanto, depois de ter chegado ao seu destino e tido tempo para descansar, a fadiga da viagem desaparece frequentemente, especialmente se aumentar a hidratação (água ou sucos de fruta), ingerir alimento frugal durante a viagem (por exemplo, maçãs) e tomar uma ducha e tirar uma breve sesta à chegada ao seu destino (4).

O *jet lag*, que geralmente ocorre quando se cruzam três ou mais fusos horários (embora algumas pessoas sejam mais suscetíveis do que outras), compartilha alguns sintomas com a fadiga geral das viagens, mas há uma diferença importante – os efeitos do *jet lag* não desaparecem após uma noite de bom sono, podem demorar muitos dias. Embora a duração exata do tempo necessário para "ultrapassar" o *jet lag* varie de indivíduo para indivíduo, uma regra geral boa é trabalhar na premissa de que o número de dias a recuperar é aproximadamente igual a dois terços do número de fusos horários cruzados (4). Por exemplo, voar do Reino Unido para a Costa Leste dos EUA (digamos, Nova York) atravessa cinco fusos horários, e assim levará aproximadamente 3,3 dias para se recuperar, enquanto uma viagem para a Austrália a partir do Reino Unido levará impressionantes seis dias antes do seu *jet lag* desaparecer.

Dado que é possível criar os efeitos do *jet lag* numa situação laboratorial, sem alterações de cultura, refeições ou temperatura (4), no contexto do *jet lag* real, não exige este tipo de condições de viagem. O que é necessário, quer seja produzido artificialmente num laboratório ou, naturalmente, por meio do cruzamento de múltiplos fusos horários, é um relógio biológico que não seja ajustado ao fuso horário em que se encontra.

Como discutido em mais detalhes em outras seções do livro, nossos ritmos biológicos diários, ou circadianos (derivados do latim *circa diem* que significa "cerca de um dia") são sincronizados, por meio de *zeitgebers* externos (sinais de tempo), a um dia solar de 24 horas e, sem estes, o nosso relógio biológico funcionaria naturalmente em aproximadamente 24,5 horas. Nosso relógio biológico (operando "livremente" com 24,5 horas ou alinhado às 24 horas) produz ritmos diários na temperatura corporal central, concentrações hormonais (como cortisol e melatonina) e no ciclo sono/vigília, e tudo isso contribui para a alta qualidade e quantidade de sono em indivíduos saudáveis. Por exemplo, tal como descrito no capítulo sobre tecnologia, temperatura e ruído, existe uma relação muito forte entre a temperatura corporal central e o sono, sendo o sono mais fácil quando a temperatura corporal central desce a um ritmo mais rápido ou mais baixo, e a vigília ocorre quando a temperatura corporal central sobe ou está no seu auge. Estes ritmos que ocorrem naturalmente, inerentes a cada ser humano, podem ser ajustados por fatores externos, tais como luz e escuridão, comida e exercício, mas estes levam tempo – sinais externos não realinham rapidamente o relógio do corpo, o que não é mau, dado que não queremos repor o relógio do nosso corpo cada vez que acordamos no meio da noite e acendemos uma luz. No entanto, a robustez do nosso relógio biológico interno significa que, quando estamos fora de fase, leva tempo para realinhar, daí o tempo que leva para recuperar do *jet lag*.

Num indivíduo saudável, o relógio biológico interno (endógeno) está perfeitamente alinhado com o ambiente externo (exógeno), para que se canse à noite quando escurecer e quando a temperatura corporal diminuir, durma durante a noite e acorde de manhã quando para de segregar melatonina, está claro, e a temperatura corporal central sobe (lembre-se da analogia bola e subida na seção de trabalho por turnos). Sincronia interna e externa perfeita para um sono perfeito. Em condições de *jet lag* (tal como acontece com o trabalho por turnos) os componentes internos e externos ficam desalinhados. Pode ser que tenhamos viajado desde o leste para o oeste, neste caso, na chegada ao nosso novo destino, podemos estar prontos para ter uma refeição da noite e ir para a cama (relógio biológico programado para ir dormir), mas é o meio do dia, a luz é brilhante e o mundo (ou pelo menos a parte do mundo em que você está) está bem desperto. Quando, eventualmente, vamos para a cama, muitas vezes acordamos muito cedo por causa do aumento da temperatura corporal e da queda dos níveis de melatonina produzida pelo nosso relógio biológico interno desajustado (4). Viajar de oeste para leste inverte a questão, chegamos ao nosso destino ainda acordados e prontos para o resto do dia (relógio biológico programado para a hora do dia), mas está escuro e todos estão se dirigindo para suas camas. Assim como o novo dia está amanhecendo, nossos relógios de corpo desajustados nos preparam para dormir!

Muitos de vocês que estão lendo essa parte do livro são familiarizados com os sintomas do *jet lag*, e muitos, viajantes mais experientes, acreditarão que "lidam", ou que "se acostumaram aos efeitos", que "não lutam mais", "aprenderam a se adaptar" ou "simplesmente não sofrem mais". É claro que você pode ter aprendido algumas estratégias fantásticas de enfrentamento, e pode ser uma das poucas pessoas que se adapta mais facilmente do que outras. Na verdade, se você é jovem, pode muito bem se aclimatar mais rapidamente quando comparado com seus colegas mais velhos, já que pesquisas têm consistentemente descoberto que o *jet lag* é muitas vezes pior para viajantes de mais idade, embora a razão precisa para isso ainda não seja totalmente compreendida (5). Além disso, um estudo descobriu que viajantes com padrões rígidos de sono têm mais sintomas de *jet lag* do que aqueles com hábitos de sono menos rígidos (6) – assim, se você é um jovem e dorminhoco flexível, pode ter um pouco mais de proteção do que o resto de nós, meros mortais. No entanto, para a maioria de nós, ser um viajante regular não protege contra os sintomas do *jet lag*, você não se acostuma fisiologicamente a ele, independentemente do quanto está envolvido em viagens internacionais, como a pesquisa tem mostrado o sono e os ritmos circadianos são tão perturbados na tripulação experiente quanto nos pilotos novatos, e os efeitos podem ser tão significativos quanto (7). De fato, não só os efeitos fisiológicos não diminuem com a "prática", como as viagens internacionais de longo prazo podem ter um efeito prejudicial acrescido. Kwangwook Cho, trabalhando na Faculdade de Medicina da Universidade de Bristol, foi a primeira pessoa a mostrar mudanças significativas na estrutura cerebral da tripulação de cabine aérea de longo curso que teve um curto tempo de recuperação entre voos transmeridianos quando comparado com a tripulação de cabine de longo curso que teve um tempo de recuperação maior entre voos. Em 2000, Cho e seus colegas examinaram os efeitos da repetição do *jet lag* sobre as capacidades cognitivas, comparando a tripulação de cabine profissional[2] com a equipe de terra de um aeroporto. Verificaram que a tripulação não só tinha níveis mais elevados de cortisol salivar do que a tripulação de terra, como também que o voo transmeridiano internacional estava associado a níveis significativamente elevados de cortisol em vez de voos de curta distância; o efeito do cortisol não se devia ao voo em si (8). Uma vez que a investigação revelou que a exposição crônica a níveis elevados de corticosteroides (como o cortisol) no organismo pode levar a uma redução do funcionamento cognitivo (9), talvez não seja de admirar que a tripulação aérea, quando comparada com a equipe de terra, também tenha sido prejudicada no seu tempo de reação às tarefas cognitivas (8). Diante desses achados impactantes, o pesquisador estava interessado em entender se o *jet lag*, resultando em exposição crônica ao cortisol salivar, levaria não apenas à redução das habilidades cognitivas, mas também a mudanças fundamentais na estrutura do cérebro, já que estudos anteriores tinham a hipótese de que cortisol significativamente alto no corpo durante um período de tempo pode resultar em atrofia do hipocampo, uma redução em seu tamanho, a parte do cérebro crítica para a consolidação da memória e aprendizagem (10).

Cho escaneou os cérebros de vinte tripulações, cada uma com apenas cinco anos de experiência de voo. Dez dos indivíduos tiveram menos de cinco dias de recuperação entre voos, atravessando pelo menos sete fusos horários (grupo de recuperação curto), e os outros dez participantes tiveram um período de recuperação de mais de quatorze dias entre voos transmeridianos (grupo de recuperação longo). A ressonância magnética do cérebro mostrou que os comissários de bordo do grupo de recuperação curta apresentaram volume do hipocampo direito significativamente menor que o do grupo de recuperação longa, além de apresentarem tempos de reação mais lentos e níveis mais elevados de cortisol salivar. A pesquisa demonstrou que após apenas *cinco anos* de voos de longo curso, quando havia menos de uma semana entre os voos de descanso e recuperação, não só os comissários de bordo tinham níveis aumentados de cortisol hormonal do estresse, como também uma área do cérebro, crítica para a memória e a aprendizagem, tinha diminuído de tamanho (11)! Se isso não fosse suficiente, pesquisas também descobriram que a tripulação aérea feminina tem maior probabilidade de ter irregularidades em seu ciclo menstrual (possivelmente devido às flutuações na secreção de melatonina) (12), e aumentos na psicose e grandes distúrbios afetivos também foram encontrados em comissários de bordo (13).

A menos que você seja um tripulante de longa distância, ou colecione milhas de voo o suficiente para comprar uma pequena ilha, estes efeitos dramáticos não devem ser motivo de grande preocupação. No entanto, assim como o fato de que a privação séria do sono pode deixá-lo muito doente, não é preciso mais de uma noite de sono insuficiente para causar alguns efeitos negativos; o mesmo vale para os efeitos do *jet lag*. Em sua forma crônica, com pouco tempo para descansar e recuperação entre voos de longo curso, pode levar a efeitos cognitivos e fisiológicos bastante significativos, mas não requer este nível de viagens internacionais antes que os efeitos sejam evidentes.

Embora o custo do *jet lag* para a indústria possa chegar a £241 milhões em apenas um ano, existem relativamente poucos estudos fora do laboratório que examinem seu impacto no desempenho dos negócios. No entanto, no mundo esportivo de ganhos marginais, onde os atletas de elite muitas vezes precisam percorrer longas distâncias para competir em grandes eventos, os estudos são mais abundantes. Talvez este seja um comentário sobre a percepção do valor do esporte em detrimento dos negócios, talvez um reflexo justo da enorme quantidade de dinheiro a ganhar ou a perder em eventos desportivos, ou talvez, mais pragmaticamente, um resultado do fato de o "desempenho" ser mais fácil de ser medido no desporto de competição do que nos negócios. Seja qual for o motivo, a mensagem é clara – viagens rápidas de avião por vários fusos horários reduzem o desempenho atlético em uma ampla gama de esportes, como basquete, beisebol, futebol americano, *netball* e corrida de trenó.

Estudos mostraram que, nas equipes nacionais de trenó, o controle neuromuscular é reduzido durante um a dois dias após a viagem internacional (14), isso é bastante crítico se você estiver descendo a cerca de 140 km/h e experienciando uma força dos 5G's, e no basebol, verificou-se que as equipes que tinham uma vantagem de três horas (menos três fusos horários cruzados em relação aos seus adversários) tinham uma percentagem de vitórias de 60,6 por cento, o que foi visto como mais poderoso do que ser a equipe da casa (15). Em um estudo retrospectivo de seis competições nacionais australianas de *netball*, verificou-se que as equipes que cruzaram dois ou mais fusos horários para competir tiveram a maior deterioração de desempenho em comparação com as equipes que viajaram por um ou nenhum fuso horário (16), e no futebol americano, nos jogos de segunda-feira (aparentemente uma noite importante para o futebol profissional americano), os times da costa oeste dos Estados Unidos foram favorecidos, independentemente do local onde os jogos foram disputados. Tal era a vantagem de ser da costa oeste que, em jogos disputados em uma segunda-feira à noite, não houve vantagem de jogar em casa para as equipes da costa leste. Os pesquisadores acreditam que esses achados foram o resultado de encontros e desencontros do ritmo circadiano – jogos noturnos de segunda-feira começam às 21h, tarde para qualquer padrão, e passam do horário de pico do dia para o desempenho muscular e cardiovascular.[3] Para as equipes da costa oeste que jogam na costa leste, seus relógios biológicos os levariam a sentir que eram seis da tarde, um tempo muito melhor para o desempenho físico do que nove da noite. Em comparação, quando a equipe da costa leste viajou para a costa oeste para um jogo de segunda-feira à noite, seus relógios acreditariam que era meia-noite e, portanto, um desempenho ruim era mais provável (17). Finalmente, no basquete, o aumento/redução do desempenho no leste-oeste também foi encontrado, com as equipes que viajam do oeste para o leste marcando quatro pontos a mais do que quando viajaram de leste para oeste (18).

O *jet lag* causa sintomas como fadiga e cansaço geral, interrupção do sono, perda de concentração, perda de apetite, desconforto gastrointestinal, dores de cabeça e alterações metabólicas (19). Além dos efeitos gerais do mau sono já abordados na parte um do livro, o *jet lag*, mesmo para os atletas não profissionais e a tripulação não aérea entre nós, pode causar especificamente lapsos de atenção e erros no desempenho cognitivo, incluindo percepções distorcidas de tempo, espaço e distância (20).[4] O *jet lag* crônico também pode ter os mesmos efeitos graves para a saúde que o trabalho por turnos de longa duração, uma vez que ambos criam uma perturbação circadiana subjacente, e estes efeitos incluem a depressão (21), exacerbação de alguns transtornos psiquiátricos (22), aumento do risco de desenvolver algumas formas de câncer (23) e infertilidade em mulheres (24).

Dicas, ferramentas e técnicas para experimentar

- Ajuste do relógio biológico
  Quanto mais rápido o ritmo biológico interno se adaptar ao novo fuso horário, menor o período de sintomas do *jet lag*.
  - ° Tente usar claro e escuro para alinhar o seu ritmo biológico (endógeno) com o ambiente externo (exógeno). Por exemplo, se for o momento da sua noite "biológica", mas estiver num fuso horário onde é de dia, tente expor-se ao máximo possível à luz solar direta. Dê um passeio lá fora (sem óculos de sol, se possível) e evite passar grande parte do dia dentro de casa. Da mesma forma, se for o momento do seu dia biológico, mas está escuro lá fora e é hora de ir para cama, em seguida, tentar evitar a luz brilhante, mesmo luz artificial. Mantenha a iluminação no seu quarto de hotel a um nível baixo e evite o uso de tecnologia de emissão de luz antes de dormir. O uso do artifício luz e escuridão pode até mesmo começar na cabine do avião, com o uso de luz de teto e persianas (25). A tabela seguinte sugere os tempos recomendados para a exposição à luz e para evitar a exposição à luz no primeiro dia após uma transição de fuso horário (4). Embora cada indivíduo tenha um ciclo sono-vigília ligeiramente diferente, isto proporciona um bom enquadramento para a orientação.

Fuso horário a partir do oeste (hora)	Horários locais ruins para exposição à luz	Horários locais bons para exposição à luz
3	0200–0800	1800–0000
4	0100–0700	1700–2300
5	0000–0600	1600–2200
6	2300–0500	1500–2100
7	2200–0400	1400–2000
8	2100–0300	1300–1900
9	2000–0200	1200–1800
10	1900–0100	1100–1700
11	1800–0000	1000–1600
12	1700–2300	0900–1500
13	1600–2200	0800–1400
14	1500–2100	0700–1300
Fuso horário a partir do leste (hora)		
3	0000–0600	0800–1400
4	0100–0700	0900–1500
5	0200–0800	1000–1600
6	0300–0900	1100–1700
7	0400–1000	1200–1800
8	0500–1100	1300–1900
9	0600–1200	1400–2000
10	O mesmo que 14 horas para o oeste	
11	O mesmo que 13 horas para o oeste	
12	O mesmo que 12 horas para o oeste	

○ Se for possível obter, verificou-se que a utilização de suplementos de melatonina reduz o efeito do *jet lag*, se for ingerido adequadamente. Muitos relatos confirmam que de 3 a 5 miligramas de melatonina, tomados de 2 a 3 horas antes de dormir, aumentam a sonolência (4), e a Academia Americana de Medicina do Sono recomendou o uso de melatonina para o *jet lag* (26). No entanto, deve notar-se que não existem estudos a longo prazo sobre os efeitos da melatonina e que as mulheres grávidas e os jovens foram aconselhadas a evitar tomar o hormônio (27).

- ° Tente adaptar todo o seu comportamento externo, tal como comer refeições, para ser sincronizado com o seu novo fuso horário o mais rapidamente possível. Isso não só irá maximizar a quantidade de tempo que você tem para ressincronizar, mas a pesquisa descobriu que o relógio biológico no fígado se adapta mais rapidamente do que o marca-passo circadiano central (28), e, portanto, comer refeições no momento apropriado pode ajudar a colocar os sistemas externo e interno em alinhamento.

- Considere o comprimento da escala
  Adaptar todo o seu comportamento ao novo fuso horário, o mais rapidamente possível, irá maximizar a quantidade de tempo que você tem para ajustar totalmente, a eficácia disto depende do período que vai passar no fuso horário de destino.
  - ° Tente não mudar seus padrões de comportamento se você ficar no seu destino por menos de dois dias, já que a adaptação completa não será possível, e é provável que você desenvolva *jet lag* na viagem de regresso também. Em vez disso, sempre que for pragmaticamente possível, marque reuniões que coincidam com o seu tempo máximo de alerta para a sua zona de partida, e não para o seu fuso horário de chegada.

- Evite "reserva" de sono
  Criar um "banco" de sono pode parecer uma forma sensata de aumentar a capacidade para a perda de sono subsequente, mas dormir fora de sincronia com o novo fuso horário é suscetível de melhorar a ancoragem do ritmo biológico interno ao antigo fuso horário (4).
  - ° Tente não dormir em voos, mesmo que você esteja muito cansado, a menos que coincida com a noite do seu destino.

Você ainda está acordado? O futuro

Em 1925, Nathaniel Kleitman abriu o primeiro laboratório do sono e a ciência do sono nasceu. Desde a década de 1920 até os dias de hoje, houve alguns avanços significativos em nossa compreensão do sono, como o primeiro uso do EEG para descrever os cinco estágios do sono (em 1937), a descoberta do sono REM (em 1953), a localização no cérebro do relógio circadiano (em 1972) e a publicação do primeiro estudo (em ratos) para mostrar que a falta crônica de sono causa morte (em 1983) (1). No entanto, ainda há tanta coisa que não sabemos. Por que dormimos exatamente? Por que temos a maior parte do sono profundo na primeira metade da noite? Que função exata tem o sonho?

Embora ainda haja perguntas sem resposta, nunca o apetite para respondê-las foi tão grande, com pesquisas de ponta sendo publicadas todos os dias. Por exemplo, investigações recentes estão agora centradas na relação entre sono e demência. Pesquisadores descobriram que existe uma ligação muito específica entre o sono REM e a demência, com cada um por cento de redução no sono REM sendo associado a um aumento de nove por cento no risco de demência, até mesmo após a tomada em consideração de fatores como o risco vascular, o uso de medicamentos e os sintomas de depressão (2). Além disso, estudos que analisam os processos do sono em animais estão encontrando alguns resultados empolgantes que também estão sendo relacionados a distúrbios cerebrais. Pesquisadores da Universidade de Rochester relataram que as células cerebrais dos ratos encolhem durante o sono, abrindo lacunas entre os neurônios que permitem que o cérebro se livre de proteínas tóxicas (beta-amiloides). Os pesquisadores sugerem que a função restauradora do sono em humanos pode, portanto, ser resultado da remoção desse resíduo neurotóxico que parece coletar durante a vigília, e de fato a falha em remover esse resíduo (o que pode acontecer com sono insuficiente) pode desempenhar um papel nos distúrbios cerebrais humanos (3).

Dado que se espera que o negócio da tecnologia do sono atinja 80 bilhões de dólares até 2020 (4), parece haver pouca dúvida de que os indivíduos e as organizações estão agora acordando para a importância do sono. No entanto, quanto disto é oportunismo comercial, e quanto disto é uma mudança fundamental das atitudes machistas das organizações que se concentraram no presenteísmo e na cultura das longas horas de trabalho como um distintivo de honra, em vez de produtividade, só o tempo o dirá. Certamente os sinais são mais positivos agora do que nunca. No entanto, dado que quase metade da população adulta dos EUA e do Reino Unido não dorme o suficiente (5), e dadas as consequências cognitivas, sociais, emocionais e de saúde daí decorrentes, claramente ainda é necessário que todos nós levemos a sério o *Negócio do sono*.

Notas

INTRODUÇÃO

1 Ainda existe um debate entre os investigadores do sono sobre se, globalmente, dormimos menos por noite do que os nossos antepassados. O que é pouco duvidoso, no entanto, certas subseções da população relatam ter significativamente menos sono do que a quantidade recomendada para sua demografia específica.

2 80.300.000 acessos no Google.

3 Pesquisando sobre "privação do sono" no *Guinness Book of World Records*, páginas na internet trazem registros fascinantes e alguns muito bizarros, alguns dos quais eu não tenho certeza da ligação à privação de sono (incluindo a maior casa feita de um avião adaptado, a maior casa de insetos e o maior salto de rampa de caminhão de lixo!).

4 Como empregador, se você quiser colocar isso em contexto, pesquisas mostram que ter aproximadamente uma hora e meia a menos de sono por noite do que você precisa significa estar cerca de um terço menos alerta no dia seguinte (13). Se tem três pessoas trabalhando para você, isso equivale a pagar para que uma esteja dormindo o dia todo!

5 Considerado a maior personalidade da literária alemã dos tempos modernos.

6 Uma maneira um pouco mais demorada, porém melhor, de descobrir quanto sono você precisa é aproveitar um período de duas semanas quando não está no trabalho,

e que será capaz de ir para a cama e acordar naturalmente sem distrações (sim, eu sei que isso é quase uma impossibilidade e pode impedir a maioria de vocês de tentar isso!). Vá para a cama à mesma hora todas as noites (antes da meia-noite) e acorde naturalmente de manhã. Isto significa sem a luz do dia o acordando, sem despertador e nenhuma criança pequena cutucando seus olhos. Após cerca de uma semana, seu corpo terá encontrado seu ritmo natural, e você acordará quando tiver dormido o suficiente. Para a maioria de vocês, isto será entre sete e nove horas de sono.

7 O termo "aproximadamente" é importante neste contexto – a investigação tem constatado sistematicamente que, se os indivíduos forem dotados de um ambiente sem *zeitgebers* para regular os ritmos circadianos, o ciclo natural será de 24,5 horas (16). Sinalizadores de tempo, como luz e escuridão, alinham este ciclo de 24,5 horas com o relógio de 24 horas. Embora isso possa parecer de pouca consequência, para indivíduos cegos, pode significar que eles precisem da administração de melatonina para garantir que seus ritmos circadianos estejam alinhados ao dia de 24 horas (17).

8 Em 2007, a Academia Americana de Medicina do Sono (20) publicou um novo manual que mudou a terminologia das diferentes fases do sono. Estamos familiarizados com os estágios um e dois do sono (sono leve) e três e quatro do sono (sono profundo). N1 e N2 são o mesmo que o sono leve de estágio um e estágio dois e N3 combina o sono lento de estágio 3 e estágio 4, ou sono profundo.

9 Apesar dos enormes avanços na pesquisa do sono, ainda não se sabe por que a maioria dos SWS ocorre na primeira metade da noite, e a maioria do sono REM na segunda metade.

CAPÍTULO 4

1 Para ser totalmente honesta, não me deparei com um estudo que tenha procurado esta correlação – mas fique com o exemplo, faz sentido!

2 Se quiser calcular a sua eficiência de sono a fórmula é tempo de sono/tempo na cama vezes cem. Você não busca por cem por cento de eficiência, pois isso sugere que você vai dormir muito cansado; deve levar de dez a quinze minutos para adormecer, mas igualmente, uma porcentagem de menos de 85 por cento é normalmente uma indicativa de baixa eficiência do sono.

CAPÍTULO 5

1 As emoções estão relacionadas a uma causa específica, e são muitas vezes transitórias, enquanto os estados de espírito são mais gerais, mais duradouros e tendem a ser categorizados como positivos ou negativos.

2   A hostilidade também foi considerada uma emoção crítica negativa afetada pelo sono deficiente em um estudo que realizei com um colega da Universidade Central de Lancashire, no Reino Unido, com adolescentes em uma instituição de jovens infratores (6).

CAPÍTULO 6

TEMPERATURA

1   Ok, talvez isto tenha sido uma falta de imaginação em vez de uma visão da ciência do sono e temperatura.

2   As regiões proximais do corpo seguem um padrão semelhante de mudança de temperatura para o núcleo, devido à falta de AVAs nas áreas proximais do corpo e, portanto, dependem do fluxo sanguíneo capilar eficiente para regular o resfriamento.

3   A lição-chave aqui é que as avós estão sempre certas no final.

BARULHO

1   De 20 a 20.000 hertz.

2   Efeitos subjetivos e objetivos do sono também se mostraram nos tipos de ruído de tráfego – os pesquisadores descobriram que o ruído do tráfego rodoviário causou as maiores mudanças na qualidade e quantidade de sono objetivamente medidas, mas que o ruído dos trens ou dos aviões foi relatado pelos participantes como sendo o mais perturbador (10).

CAPÍTULO 7

1   Se você quiser ver quão alto é o seu desejo de dormir, tente uma variação do Teste de Latência do Sono Múltiplo, que é usado para testar a sonolência diurna excessiva em uma variedade de distúrbios do sono. Em um dia em que você é capaz de tirar uma soneca diurna, encontre um quarto tranquilo e desligue as luzes (o quarto deve ser escuro e confortável o suficiente para você adormecer). Cronometre quanto tempo leva para adormecer. Quanto mais depressa adormecer, maior será a sua vontade de dormir. Os pacientes de insônia achariam este teste muito difícil, e embora possam relatar estar cansados, seu baixo impulso para o sono significaria que seria improvável que dormissem nessa situação.

CAPÍTULO 8

ÁLCOOL

1 Se você quiser calcular unidades de álcool com base em ABV, a fórmula é – Força (ABV) × Volume (ml)/1000 = Unidades.

EXERCÍCIO

1 Isto é, aparentemente verde-claro com círculos cada vez menores impressos nele!
2 Curiosamente, há um conjunto de evidências que sugerem que é mais provável que o exercício se torne um hábito se você o realizar logo pela manhã (10). Pode valer a pena considerar os benefícios do exercício de forma mais holística – se exercitar-se pela manhã significa que é mais provável que você continue, então isso pode ser melhor do que mudar sua rotina para a tarde ou início da noite para melhorar seu sono e descobrir que isso fez com que interrompesse seu exercício completamente.

CAPÍTULO 9

TRABALHO POR TURNO

1 A síndrome metabólica é definida quando um indivíduo apresenta pelo menos três das seguintes cinco condições médicas: obesidade abdominal, pressão arterial elevada, aumento dos níveis plasmáticos de glicose em jejum, triglicérides séricos elevados e níveis baixos de lipoproteicos de alta densidade (HDL).

JET LAG

1 O desempenho mental aumenta com a maior temperatura interna.
2 A tripulação atravessou pelo menos oito fusos horários por semana, com um intervalo de dois a quatro dias entre voos.
3 O pico de desempenho físico tem sido demonstrado em alguns estudos como estando alinhado com o pico de temperatura corporal central.
4 Há aqui uma mensagem muito séria – conduzir cansado é perigoso, conduzir com o *jet lag* pode ser ainda mais perigoso devido às potenciais alterações na percepção, no julgamento da distância e do tempo e espaço.

REFERÊNCIAS BIBLIOGRÁFICAS

INTRODUÇÃO

(1) DICKENS, C. *The tale of two cities*. Oxford: Oxford University Press, 2008. Reprint.

(2) CENTERS for Disease Control and Prevention. Disponível em: <http://www.cdc.gov/features/dssleep/>.

(3) 2013 International Bedroom Pool. *National Sleep Foundation*. Disponível em: <https://sleepfoundation.org/sleep-polls-data/other-polls/2013-international--bedroom-poll>.

(4) WATSON, N. et al. Recommended amount of sleep for a healthy adult: A joint consensus statement of the American Academy of Sleep Medicine and Sleep Research Society. *Journal of Clinical Sleep Medicine*, 2015, v. 11, p. 591-592.

(5) KOCHANEK, K. et al. Mortality in the United States, 2013. *National Center for Health Statistics Data Brief*, 2014, v. 178, p. 1-8.

(6) WINTER, C. *The Sleep Solution*: Why your sleep is broken and how to fix it. Scribe: Melbourne, 2017.

(7) WAGNER, D. et al. Lost sleep and cyberloafing: Evidence from the laboratory and a daylight saving time quasi-experiment. *Journal of Applied Psychology*, 2012, v. 97, p. 1068-1076.

(8)   BARNES, C. et al. You wouldn't like me when I'm sleepy: Leaders sleep, daily abusive supervision, and work unit engagement. *Academy of Management Journal*, 2015, v. 58, p. 1419-1437.

(9)   GUARANA, C.; Barnes, C. Lack of sleep and the development of leader-follower relationships over time. *Organizational Behavior and Human Decision Processes*, 2017, v. 141, p. 57-73.

(10) BARNES, C.; GHUMMAN, S.; SCOTT, B.. Sleep and organizational citizenship behavior: The mediating role of job satisfaction. *Journal of Occupational Health Psychology*, 2013, v. 18, p. 16-26.

(11) BARNES, C. et al. Lack of sleep and unethical conduct. *Organizational Behavior and Human Decision Processes*, 2011, v. 115, p. 169-180.

(12) HAFNER, M. et al. *Why sleep matters – The economic costs of insufficient sleep*. RAND Europe: Cambridge, 2016.

(13) BONNET, M.; ARAND, D. We are chronically sleep deprived. *Sleep*, 1995, v. 18, p. 908-911.

(14) BRAIN Quote. Disponível em: <https://www.brainyquote.com/quotes/quotes/j/johannwolf161315.html>.

(15) HIRSHKOWITZ, M. et al. National Sleep Foundation's sleep time duration recommendations: Methodology and results summary. *Sleep Health*, 2015, v. 1, p. 40-43.

(16) CZEISLER, C. et al. Human sleep: Its duration and organization depend on its circadian phase. *Science*, 1980, v. 210, p. 1264-1267.

(17) SACK, R. et al.. Entrainment of free-running circadian rhythms by melatonin in blind people. The New England Journal of Medicine, 2000, v. 343, p. 1070-1077.

(18) CARSKADON, M.; DEMENT, W. Monitoring and staging human sleep. In: KRYGER, M. et al. (Eds.), *Principles and Practice of Sleep Medicine*. 5. ed. Elsevier: St. Louis, 2011.

(19) RASCH, B.; BORN, J. About sleep's role in memory. *Physiological Review*, 2013, v. 93, p. 681-766.

(20) IBER, C.; ANCOLI-ISRAEL, S.; QUAN, S. *The AASM Manual for the scoring of sleep and associated events:* Rules, terminology and technical specifications. American Academy of Sleep Medicine: Westchester, 2007.

CAPÍTULO 1

(1)   SHAPIN, S. The man who forgot everything. *The New Yorker*. October 14, 2013.

(2)   RASCH, B.; BORN, J. About sleep's role in memory. *Physiological Review*, 2013, v. 93, p. 681-766.

(3)   WALKER, M. The role of sleep in cognition and emotion. *Annals of the New York Academy of Science*, 2009, v. 1156, 168-197.

(4) REBER, P. What is the memory capacity of the human brain? *Scientific American*, May 1, 2010.

(5) YOO, S. et al. A deficit in the ability to form new human memories without sleep. *Natural Neuroscience*, 2007, v. 10, p. 385-392.

(6) ELLENBOGEN J. et al. The sleeping brain's influence on verbal memory: Boosting resistance to interference. *PLoS One*, e4117, 2009.

(7) WALKER, M. Cognitive consequences of sleep and sleep loss. *Sleep Medicine*, 2008, v. 9, p. S29-S34.

(8) WALKER, M. and Stickgold, R. Sleep, memory and plasticity. *Annual Review of Psychology*, 2006, v. 57, p. 139-166.

(9) FISCHER S. et al. Sleep forms memory for finger skills. *Proceedings of the National Academy of Sciences*, 2002, v. 99, p. 11987-11991.

(10) VERTES, R. Sleep is for rest, waking consciousness is for learning and memory of any kind. *Behavioral and Brain Sciences*, 2005, v. 28, p. 86-87.

CAPÍTULO 2

(1) BOISJOLY, R.; CURTIS, E.; MELLICAN, E. Roger Boisjoly and the challenger disaster: The ethical dimensions. *Journal of Business Ethics*, 1989, v. 8, p. 217-230.

(2) *REPORT of the Presidential Commission on the Space Shuttle Challenger Accident II*. US Government Printing Office: Washington, DC, 1986.

(3) *REPORT of the Presidential Commission on the Space Shuttle Challenger Accident II*. Appendix G-5. US Government Printing Office: Washington, DC, 1986.

(4) MITLER, M.; CARSKADON, M.; GRAEBER, R. Catastrophes, sleep and public policy: Consensus Report. *Sleep*, 1988, v. 11, p. 100-109.

(5) LARSEN, R. Decision making by military students under severe stress. *Military Psychology*, 2001, v. 13, p. 89-98.

(6) LAVIE, P.; WOLLMAN, M.; POLLACK, I. Frequency of sleep related traffic accidents and hour of the day. *Sleep Research*, 1986, v. 15, p. 275.

(7) LANGLOIS, P. et al. Temporal patterns of reported single-vehicle car and truck accidents in Texas, USA during 1980-1983. *Chronobiology International*, 1985, v. 2, p. 131-140.

(8) NELSON, C. et al. Residents performance before and after night call as evaluated by an indicator of creative thought. *Journal of the American Osteopathic Association*, 1995, v. 95, p. 600-603.

(9) HORNE, J. Working throughout the night: Beyond 'sleepiness' – Impairments to critical decision making. *Neuroscience and Biobehavioral Reviews*, 2012, v. 36, p. 2226-2231.

(10) HARRISON, Y.; HORNE, J. One night of sleep loss impairs innovative thinking and flexible decision making. *Organizational behavior and human decision processes*, 1999, v. 78, p. 128–145.

(11) CULPIN, V.; Russell, A. The wake-up call: The importance of sleep in organizational life. *Hult Research Report*, 2016.

(12) PILCHER, J.; HUFFCUTT, A. Effects of sleep deprivation on performance: A meta-analysis. *Sleep*, 1996, v. 19, p. 318-326.

(13) HORNE, J. Sleep deprivation and divergent thinking ability. *Sleep*, 1988, v. 11, p. 528-536.

(14) HARRISON, Y.; HORNE, J. The impact of sleep deprivation on decision making: A review. *Journal of Experimental Psychology*: Applied, 2000, v. 6, p. 236-249.

(15) BARANSKI, J. et al. Effects of sleep loss on team decision making: Motivational loss or motivational gain? *Human Factors*, v. 49, p. 646-660, 2007.

(16) *REPORT of the Presidential Commission on the Space Shuttle Challenger Accident II*. Appendix G-1. US Government Printing Office: Washington, DC, 1986.

(17) BASNER, M. et al. Effects of night work, sleep loss and time on task on simulated threat detection performance. *Sleep*, v. 31, p. 1251-1259, 2008.

(18) HARRISON, Y.; Horne, J. Sleep loss affects risk taking. *Journal of Sleep Research*, v. 7, p. 113, 1998.

(19) BLISS, E.; CLARK, L.; WEST, C. Studies of sleep deprivation: Relationship to Schizophrenia. *Archives of Neurology*, v. 81, p. 348-359, 1959.

(20) NEVILLE, K. et al. Subjective fatigue of C-141 aircrews during Operation Desert Storm. *Human Factors*, v. 36, p. 339-349, 1994.

(21) COUYOUMDJIAN, A. et al. The effects of sleep and sleep deprivation on task--switching performance. *Journal of Sleep Research*, v. 19, p. 64-70, 2010.

(22) Venkatraman, V. et al. Sleep deprivation elevates expectations of gains and attenuates response to losses following risky decisions. *Sleep*, v. 30, p. 603-609, 2007.

(23) LIBEDINSKY, C. et al. Sleep deprivation biases the neural mechanisms underlying economic preferences. *Frontiers in Behavioral Neuroscience*, v. 5, p. 70, 2011.

CAPÍTULO 3

(1) STICKGOLD, R.; WALKER, M. To sleep, perchance to gain creative insight? *Trends in Cognitive Sciences*, 2004, v. 8, p. 191-192.

(2) PORTOCARRERO, E.; CRANOR, D.; BOVE, V. Pillow talk: Seamless interface for dream priming recalling and playback. *Proceedings of the 4th International Conference on Tangible, Embedded and Embodied Interaction*, Portugal, Janeiro 22-26, 2011.

(3) STRATHERN, P. *Mendeleyev's Dream:* The quest for the elements. St Martin's Press: Nova York, 2001.

(4) WAGNER, U. et al. Sleep inspires insight. *Nature*, 2004, v. 427, p. 352-354.

(5) DRAGO, V. et al. Cyclic alternating pattern in sleep and its relationship to creativity. *Sleep Medicine*, 2011, v. 12, p. 361-366.

(6) EASTERBROOK, J. The effect of emotion on cue utilization and the organization of behavior. *Psychological Review*, 1959, v. 66, p. 183-201.

(7) CAI, D. et al. REM, not incubation, improves creativity by priming associative networks. *Proceedings of the National Academy of Sciences*, 2009, v. 106, p. 10130-10134.

(8) KLUGER, J. How to wake up to your creativity. *Time*, Abril 30, 2017.

(9) RAM-VLASOV, N. et al. Creativity and habitual sleep patterns among art and social sciences undergraduate students. *Psychology of Aesthetics, Creativity and the Arts*, 2016, v. 10, p. 270-277.

(10) CACI, D.; ROBERT, P.; BOYER, P. Novelty seekers and impulsive subjects are low in morningness. *European Psychiatry*, 2004, v. 19, p. 79-84.

(11) DIAZ-MORALES, JF. Morning and evening types: Exploring their personality styles. *Personality and Individual Differences*, 2007, v. 43, p. 769-778.

(12) LIGORI, C. et al. Optic nerve dysfunction in obstructive sleep apnea: An electro-physiological study. *Sleep*, 2016, v. 39, p. 19-23.

(13) RITTER, S. et al. Good morning creativity: Task reactivation during sleep enhances beneficial effect of sleep on creative performance. *Journal of Sleep Research*, 2012, v. 21, p. 643-647.

CAPÍTULO 4

(1) BANKS, S.; DINGES, D. Behavioral and physiological consequences of sleep restriction. *Journal of Clinical Sleep Medicine*, 2007, v. 3, p. 519-528.

(2) GEIGER, S.; SABANAYAGAM, C.; Shankar, A. The relationship between insuffi-cient sleep and self-rated health in a nationally representative sample. *Journal of Environmental and Public Health*, 2012, p. 1-8.

(3) FENDRICK, A. et al. The economic burden of non-influenza-related viral respi-ratory tract infection in the United States. *Archives of Internal Medicine*, 2003, v. 163, p. 487-494.

(4) LIU, T.-Z. et al. Sleep duration and risk of all-cause mortality: A flexible, non-linear meta-regression of 40 prospective cohort studies. *Sleep Medicine Reviews*, 2016, v. 32, p. 28-36.

(5) GALLICCHIO, L.; KALESMAN, B. Sleep duration and mortality: A systematic review and meta-analysis. *Journal of Sleep Research*, 2009, v. 18, p. 148-158.

(6) CAPPUCCIO, F. et al. Sleep duration and all-cause mortality: A systematic review and meta-analysis of prospective studies. *Sleep*, 2010, v. 33, p. 585-592.

(7) OVERVIEW – High blood pressure (hypertension). The NHS website. Disponível em: <www.nhs.uk/conditions/blood-pressure-(high)/pages/introduction.aspx>.

(8) PALAGINI, L. et al. Sleep loss and hypertension: A systematic review. *Current Pharmaceutical Design*, 2013, v. 19, p. 2409-2419.

(9) TOCHIKUBO, O. et al. Effects of insufficient sleep on blood pressure monitored by a new multibiomedical recorder. *Hypertension*, 1996, v. 27, p. 1318-1324.

(10) GOTTLIEB, D. et al. Association of usual sleep duration with hypertension: The sleep heart health study. *Sleep*, 2006, v. 29, p. 1009-1014.

(11) CALHOUN, D.; HARDING, S. Sleep and hypertension. *Chest*, 2010, v. 138, p. 434-443.

(12) TAHERI, S. et al. Short sleep duration is associated with reduced leptin, elevated ghrelin and increased body mass index. *PLoS Medicine*, 2004, v. 1, p. 210-217.

(13) WHAT is Type 2 diabetes? Diabetes UK. Disponível em: <www.diabetes.org.uk/diabetes-the-basics/what-is-type-2-diabetes>.

(14) YAGGI, H.; ARAUJO, A.; MCKINLAY, J. Sleep duration as a risk factor for the development of Type 2 diabetes. *Diabetes Care*, 2006, v. 29, p. 657-661.

(15) SPIEGEL, K.; LEPROULT, R.; VAN CAUTER, E. Impact of sleep debt on metabolic and endocrine function. *Lancet*, 1999, v. 354, p. 1435-1439.

(16) *INTERNATIONAL Agency for Research on Cancer* .Disponível em : <www.iarc.fr/en/media-centre/pr/2007/pr180.html>.

(17) INSTITUTE of Medicine of the National Academies. *Building a resilient workforce*: Opportunities for the Department of Homeland Security. The National Academic Press: Washington, DC, 2012.

(18) COHEN, S. et al. Sleep habits and susceptibility to the common cold. *Archives of Internal Medicine*, 2009, v. 169, p. 62-67.

CAPÍTULO 5

(1) SLEEP Education. Disponível em: <www.sleepeducation.blogspot.co.uk/2010/02/bill-clinton-importance-ofsleep.html>.

(2) CULPIN, V.; RUSSELL, A. The wake-up call: The importance of sleep in organizational life. *Hult Research Report*, 2016.

(3) BERRY, D.; WEBB, W. Mood and sleep in aging women. *Journal of Personality and Social Psychology*, 1985, v. 49, p. 1724-1727.

(4) PILCHER, J.; HUFFCUT, A. Effects of sleep deprivation on performance: A meta-analysis. *Sleep*, 1996, v. 19, p. 318-326.

(5) DINGES, D. et al. Cumulative sleepiness, mood disturbance, and psychomotor vigilance performance decrements during a week of sleep restricted to 4-5 hours per night. *Sleep*, 1997, v. 20, p. 267-277.

(6) IRELAND, J.; CULPIN, V. The relationship between sleeping problems, and aggression, anger and impulsivity in a population of juvenile and young offenders. *Journal of Adolescent Health*, 2006, v. 38, p. 649-655.

(7) SCOTT, B.; JUDGE, T. Insomnia, emotions and job satisfaction: A multilevel study. *Journal of Management*, 2006, v. 32, p. 622-645.

(8) BARNETT, K.; COOPER, N. The effects of a poor night sleep on mood, cognitive, autonomic and electrophysiological measures. *Journal of Integrative Neuroscience*, 2008, v. 7, p. 405-420.

(9) STEPTOE, A. et al. Positive affect, psychological well-being and good sleep. *Journal of Psychosomatic Research*, 2008, v. 64, p. 409-415.

(10) KAHNEMAN, D.; Krueger, A. Developments in the measurement of subjective well-being. *Journal of Economic Perspectives*, 2006, v. 20, p. 3-24.

(11) KAHN, M. et al. Effects of one night of induced night-wakings versus sleep restriction on sustained attention and mood: A pilot study. *Sleep Medicine*, 2014, v. 15, p. 825-832.

(12) YOO, S. et al. The human emotional brain without sleep, a prefrontal amygdala disconnect. *Current Biology*, 2007, v. 17, p. R877-R878.

(13) TEMPESTA, D. et al. Lack of sleep affects the evaluation of emotional stimuli. *Brain Research Bulletin*, 2010, v. 82, p. 194-108.

(14) KILGORE, W. et al. Sleep deprivation reduces perceived emotional intelligence and constructive thinking skills. *Sleep Medicine*, 9, 517-526, 2008.

(15) Barsade, S.; Gibson, D. Why does affect matter in organizations? *Academy of Management Perspectives*, v. 21, p. 36-59, 2007.

(16) LYUBOMIRSKY, S.; KING, L.; DIENER, E. The benefits of frequent positive affect: Does happiness lead to success? *Psychological Bulletin*, 2005, v. 131, p. 803-855.

(17) SHARMA, A.; LEVY, M. Salespeople's affect toward customers: Why should it be important for retailers? *Journal of Business Research*, 2003, v. 56, p. 523-528.

(18) ISEN, A.; LABROO, A. Some ways in which positive affect facilitates decision making and judgement. In: SCHNEIDER, S.; Shanteau, J. (Eds.). *Emerging Perspectives on Judgement and Decision Research*, Cambridge University Press: Nova York, 2003. (Cambridge Series on Judgement and Decision Making).

(19) STAW, B.; BARSADE, S. Affect and managerial performance: A test of the sadder but wiser vs happier and smarter hypothesis. *Administrative Science Quarterly*, 1993, v. 38, p. 304-331.

(20) AMABILE, T. et al. Affect and creativity at work. *Administrative Science Quarterly*, 2005, v. 50, p. 367-403.

(21) MADJAR, N.; OLDHAM, G.; PRATT, M. There's no place like home? The contributions of work and nonwork creativity support to employees' creative performance. *Academy of Management Journal*, 2002, v. 45, p. 757-767.

(22) THORESEN, C.; KAPLAN, S.; BARSKY, A. The affective underpinnings of job perceptions and attitudes: A meta-analytic review and integration. *Psychological Bulletin*, 2003, v. 129, p. 914-945.

(23) BARSADE, S. The ripple effect: Emotional contagion and its influence on group behavior. *Administrative Science Quarterly*, 2002, v. 47, p. 644-675.

CAPÍTULO 6

(1) RANDALL, D. *Dreamland*: Adventures in the Strange Science of Sleep. Norton and Company: Nova York, 2012.

(2) GREENFIELD, R. Did Dave Eggers 'Rewrite' Kate Losse's Book? The Atlantic. Disponível em: <www.theatlantic.com/health/archive/2014/05/thomas-edison--and-thecult-of-sleep-deprivation/310824>.

(3) DERICKSON, A. *Dangerously Sleepy*: Overworked Americans and the Cult of Manly Wakefulness. University of Pennsylvania Press: Pennsylvania, 2013.

(4) LUX, Lumens and Watts: Our Guide. Green Business Light UK. Disponível em: <https://greenbusinesslight.com/resources/lighting-lux-lumens-watts/>.

(5) Chang, A-M. et al. Evening useof light-emitting eReaders negatively affects sleep, circadian timing and next-morning alertness. *PNAS*, 2015, v. 112, p. 1232-1237.

(6) GRADISAR, M. et al. Sleep and technology use of Americans: Findings from the National Sleep Foundation's 2011 Sleep in America Poll. *Journal of Clinical Sleep Medicine*, 2013, v. 15, p. 1291-1299.

(7) ZEITER, J. et al. Sensitivity of the human circadian pacemaker to nocturnal light: Melatonin phase resetting and suppression. *Journal of Physiology*, 2000, v. 526, p. 695-702.

(8) SLEEP Health Foundation. Disponível em: <swww.sleephealthfoundation.org.au/public-information/fact-sheets-a-z/802>.

(9) CAJOCHEN, C. et al. Dose-response relationship for light intensity and ocular and electroencephalographic correlates of human alertness. *Behavior and Brain Research*, 2000, v. 115, p. 75-83.

(10) FOSSUM, I. et al. The association between use of electronic media in bed before going to sleep and insomnia symptoms, daytime sleepiness, morningness and chronotype. *Behavioral Sleep Medicine*, 2014, v. 12, p. 343-357.

(11) SUGANUMA, N. et al. Using electronic media before sleep can curtail sleep time and result in self-perceived insufficient sleep. *Sleep and Biological Rhythms*, 2007, v. 5, p. 204-214.

(12) LANAJ, K.; JOHNON, R.; BARNES, C. Beginning the workday yet already depleted? Consequences of late-night smartphone use and sleep. *Organizational Behavior and Human Decision Processes*, 2014, v. 124, p. 11-23.

(13) STEPANSKI, E.; WYATT, J. Use of sleep hygiene in the treatment of insomnia. *Sleep Medicine Reviews*, 2003, v. 7, p. 215-225.

(14) THOMEE, S. et al. Perceived connections between information and communication technology use and mental symptoms among young adults – A qualitative study. *BMC Public Health*, 2010, v. 10, p. 66.

(15) HAURI, P.; FISHER, J. Persistent psychophysiological (learned) insomnia. *Sleep*, 1986, v. 9, p. 38-53.

(16) CAIN, N.; GRADISAR, M. Electronic media use and sleep in school-aged children and adolescents: A review. *Sleep Medicine*, 2010, v. 11, p. 735-742.

TEMPERATURA

(1) O'KEEFFE, J. Does cold make you sleepy? *Sciencing*. Disponível em: <www.sciencing.com/cold-make-sleepy-23965.html/>.

(2) OKAMOTO-MIZUNO, K.. MIZUNO, K. Effects of thermal environment on sleep and circadian rhythm. *Journal of Physiological Anthropology*, 2012, v. 31, p. 14.

(3) ASCHOFF, J.; HEISE, A. Thermal conductance in man: Its dependence on time of day and of ambient temperature. In: ITOH, S.; OGATA, K.; YOSHIMURA, H. (Eds.). *Advances in Climate Physiology*. Igako Shoin: Tokyo, 1972.

(4) KRAUCHI, K. The human sleep-wake cycle reconsidered from a thermoregulatory point of view. *Physiology and Behavior*, 2006, v. 90, p. 236-245.

(5) VAN SOMEREN, E. More than a marker: Interaction between circadian regulation of temperature and sleep, age-related changes and treatment possibilities. *Chronobiology International*, 2000, v. 17, p. 313–354.

(6) CAMPBELL, S.; BROUGHTON. R. Rapid decline in body temperature before sleep: Fluffing the physiological pillow? *Chronobiology International*, 1994, v. 11, p. 126-131.

(7) LACK, L.; LUSHINGTON, K. The rhythms of human sleep propensity and core body temperature. *Journal of Sleep Research*, 1996, v. 5, p. 1-11.

(8) KRAUCHI, K.; CAJOCHEN, C.; WIRZ-JUSTICE, A. Circadian and homeostatic regulation of core body temperature and alertness in humans: What is the role of melatonin? In: Honma, K. and Honma, S. (Eds.). *Circadian Clocks and Entrainment*. Hokkaido University Press: Sapporo, 1998. v. 7.

(9) Krauchi, K. et al. Interaction of melatonin with core body cooling: Sleepiness is primarily associated with heat loss and not with a decrease in core body temperature. *Sleep*, 1999, v. 22, p. S285-S286.

(10) VELLUTI, R. Interactions between sleep and sensory physiology. *Journal of Sleep Research*, 1997, v. 6, p. 61-77.

(11) RAYMANN, R.; SWAAB, D.; VAN SOMEREN, E. Skin temperature and sleep-onset latency: Changes with age and insomnia. *Physiology and Behavior*, 2007, v. 90, p. 257-266.

(12) FLETCHER, A.; VAN DEN HEUVEL, C.; DAWSON, D. Sleeping with an electric blanket: Effects on core temperature, sleep and melatonin in young adults. *Sleep*, 1999, v. 22, p. 313-318.

(13) RAYMANN, R.; SWAAB, D.; VAN SOMEREN, E. Skin deep: Enhanced sleep depth by cutaneous temperature manipulation. *Brain*, 2008, v. 131, p. 500-513.

(14) OKAMOTO, K.; LIZUKA, S.; OKUDAIRA, N. The effects of air mattress upon sleep and bed climate. *Applied Human Science*, 1997, v. 16, p. 97-102.

(15) LIBERT, J. et al. Effects of continuous heat exposure on sleep, thermoregulation, melatonin and microclimate. *Journal of Thermal Biology*, 1988, v. 29, p. 31-36.

(16) MUZET, A.; LIBERT, J.; CANDAS, V. Ambient temperature and human sleep. *Experientia*, 1984, v. 40, p. 425-429.

(17) OKAMOTO-MIZUNO, K. et al. Effects of low ambient temperature on heart rate variability during sleep in humans. *European Journal of Applied Physiology*, 2009, v. 105, p. 191-197.

BARULHO

(1) HAMMER, M.; SWINBURN, T.; NEITZEL, R. Environmental noise pollution in the United States: developing an effective public health response. *Environmental Health Perspectives*, 2014, v. 122, p. 115–119.

(2) WORLD Health Organization. Disponível em: <www.euro.who.int/_data/assets/pdf_file/0008/136466/e94888.pdf>.

(3) THE NATIONAL Archives. Disponível em: <http://webarchive.nationalarchives.gov.uk/20100716121707>. GOV.UK. Disponível em: <http://www.hpa.org.uk/web/HPAwebFile/HPAweb_C/1246433634856>.

(4) COMPARITIVE Examples of Noise Levels. IAC Acoustics. Disponível em: <http://www.industrialnoisecontrol.com/comparative-noise-examples.htm>.

(5) HARALABIDIS, A. et al. Acute effects of night-time noise exposure on blood pressure in populations living near airports. *European Heart Journal*, 2008, v. 29, p. 658-664.

(6) JARUP, L. et al. Hypertension and exposure to noise near airports: The HYENA study. *Environmental Health Perspectives*, 2008, v. 116, p. 329-333.

(7) EUROPEAN Environment Agency. *Europe's Environment*: The Third Assessment. EEA: Copenhagen, 2003.

(8) MUZET, A. Environmental noise, sleep and health. *Sleep Medicine Reviews*, 2007, v. 11, p. 135-142.

(9) FREI, P.; MOHLER, E.; ROOSLI, M. Effect of nocturnal road traffic noise exposure and annoyance on objective and subjective sleep quality. *International Journal of Hygiene and Environmental Health*, 2014, v. 217, p. 188-195.

(10) BASNER, M.; GRIEFAHN, B.; HUME, K. Comment on: The state of the art of predicting sleep disturbances in field settings. *Noise and Health*, 2010, v. 12, p. 283-284.

(11) OHRSTROM, E. Research on noise since 1988: Present state. In: VALLET, M. (Ed.). *Proceedings of Noise and Man*. INRETS: Nice, 1993.

(12) OSWALD, I.; TAYLOR, A.; TREISMAN, M. Discrimination responses to stimulation during human sleep. Brain, 1960, v. 83, p. 440-453.

(13) CARTER, N. Transportation noise, sleep and possible after-effects. *Environment International*, 1996, v. 22, p. 105-116.

(14) MASCHIKE, C. Noise-induced sleep disturbance, stress reactions and health effects. In: PRASHER, D.; LUXON, L. (Eds.). *Protection against Noise*. Biological Effects. Whurr Publishers for the Institute of Laryngology and Otology: London, 1998. v. 1.

(15) MASCHKE, C. et al. Stress hormone changes in persons exposed to simulated night noise. *Noise and Health*, 2002, v. 5, p. 35.

(16) SMITH, A. Noise, performance efficiency and safety. *International Archives of Occupational and Environmental Health*, 1990, v. 62, p. 1-5.

(17) WILKINSON, R.; CAMBEL, L. Effects of traffic noise on quality of sleep: Assessment by EEG, subjective report or performance next day. *Journal of the Acoustic Society of America*, 1984, v. 75, p. 468-475.

(18) WORLD Health Organization. *Noise and health. Health and Environment*, 2000, v. 36.

(19) LERCHER, P.; WIDMANN, U.; KOFLER, W. Transportation noise and blood pressure: The importance of modifying factors. In: CASSEREAU, D. (Ed.). *Internoise*. Societe Francaise d'Acoustique: Nice, 2000.

(20) KUWANO, S. et al. The effect of different kinds of noise on the quality of sleep under the controlled conditions. *Sound Vibrations*, 2002, v. 277, p. 445-452.

CAPÍTULO 7

(1) OHAYON, M. Epidemiology of insomnia: What we know and what we still need to learn. *Sleep Medicine Reviews*, 2002, v. 6, p. 97-111.

(2) EDINGER, J. et al. Derivation of research diagnostic criteria for insomnia: Report of an American Academy of Sleep Medicine Work Group. *Sleep*, 2004, v. 27, p. 1567-1588.

(3) LUNDH, L.; BROMAN, J. Insomnia as an interaction between sleep-interfering and sleep-interrupting processes. *Journal of Psychosomatic Research*, 2000, v. 49, p. 299-310.

(4) LICHSTEIN, K.; ROSENTHAL, T. Insomniacs perceptions of cognitive versus somatic determinants of sleep disturbance. *Journal of Abnormal Psychology*, 1980, v. 89, p. 105-107.

(5) HARVEY, A. The attempted suppression of presleep cognitive activity in insomnia. *Cognitive Therapy and Research*, 2003, v. 27, p. 593-602.

(6) HARVEY, A.; PAYNE, S. The management of unwanted pre-sleep thoughts in insomnia: Distraction with imagery versus general distraction. *Behavior Research and Therapy*, 2002, v. 40, p. 267-277.

(7) WATTS, F.; COYLE, P.; EAST, M. The contribution of worry to insomnia. *British Journal of Clinical Psychology*, 1994, v. 33, p. 211-220.

(8) WICKLOW, A., ESPIE, C. Intrusive thoughts and their relationship to actigraphic measurement of sleep: Towards a cognitive model of insomnia. *Behavior Research and Therapy*, 2000, v. 38, p. 679-693.

(9) TANG, N.; SCHMIDT, D.; HARVEY, A. Sleeping with the enemy: Clock monitoring in the maintenance of insomnia. *Journal of Behavior Therapy and Experimental Psychiatry*, 2007, v. 38, p. 40-55.

(10) SHAPIRO, S. et al. The efficacy of mindfulness-based stress reduction in the treatment of sleep disturbance in women with breast cancer: An exploratory study. *Journal of Psychosomatic Research*, 2003, v. 54, p. 85-91.

(11) CARLSON, L.; GARLAND, S. Impact of mindfulness-based stress reduction (MBSR) on sleep, mood, stress and fatigue symptoms in cancer outpatients. *International Journal of Behavioral Medicine*, 2005, v. 12, p. 278-285.

(12) ONG, J.; ULMER, C.; MANBER, R. Improving sleep with mindfulness and acceptance: A metacognitive model of insomnia. *Behavior Research Therapy*, 2012, v. 50, p. 651-660.

(13) GROSS, C. et al. Mindfulness-based stress reduction versus pharmacotherapy for chronic primary insomnia: A randomised controlled clinical trial. *Explore*, 2011, v. 7, p. 76-87.

(14) NELSON, J.; HARVEY, A. The differential functions of imagery and verbal thought in insomnia. *Journal of Abnormal Psychology*, 2002, v. 111, p. 665-669.

(15) CIAROCCO, N.; VOHS, K.; BAUMESTER, R. Some good news about rumination: Task-focused thinking after failure facilitates performance improvement. *Journal of Social and Clinical Psychology*, 2010, v. 29, p. 1057-1073.

CAPÍTULO 8

(1) ARMSTRONG, L. et al. Fluid, electrolyte and renal indices of hydration during 11 days of controlled caffeine consumption. *International Journal of Sports Nutrition, Exercise and Metabolism*, 2005, v. 15, p. 252-265.

(2) ROEHRS, T.; ROTH, T. Caffeine: Sleep and daytime sleepiness. *Sleep Medicine Reviews*, 2008, v. 12, p. 153-162.

(3) SOMOGYI, L. Caffeine intake by the US population. Prepared for the Food and Drug Administration. *Oak Ridge National Laboratory*, 2010.

(4) COFFEE is the most popular drink worldwide with around two billion cups consumed every day. *The British Coffee Association*. Disponível em: <www.britishcoffeeassociation.org/about_coffee/coffee_facts/ >.

(5) BALLAS, C.; DINGES, D. Modafini, Amphetamines and Caffeine. In: STICKGOLD, R.; WALKER, M. (Eds.). *The Neuroscience of Sleep*. Elsevier: Amsterdam, 2009.

(6) OHAYON, M. et al. How sleep and mental disorders are related to complaints of daytime sleepiness. *Archives of Internal Medicine*, 1997, v. 157, p. 2645-2652.

(7) WESENSTEN, M. Pharmacologic Management of Performance Deficits Resulting in Sleep Loss and Circadian Desynchrony. In: KRYGOR, M.; ROTH, T.; DEMENT, W. (Eds.). *Principles and Practice of Sleep Medicine*. Elsevier: St Louis, US, 2011.

(8) KOPPELSTAETTER, F. et al. Does caffeine modulate verbal working memory processes? An fMRI study. *Neuroimage*, 2008, v. 39, p. 492-499.

(9) COOK, C. Skill execution and sleep deprivation: Effects of acute caffeine or creatine supplementation – A randomised placebo-controlled trial. *Journal of the International Society of Sports Nutrition*, 2011, v. 8, p. 2.

(10) MILLER, B. et al. Combined caffeine and carbohydrate ingestion: Effects on nocturnal sleep and exercise performance in athletes. *European Journal of Applied Physiology*, 2014, v. 114, p. 2529-2537.

(11) ROBILLARD, R. et al. Sleep is more sensitive to high doses of caffeine in the middle years of life. *Journal of Psychopharmacology*, 2015, v. 29, p. 688-697.

(12) BURKE, T. et al. Effects of caffeine on the human circadian clock in vivo and in vitro. *Science Translation Medicine*, 2015, v. 7, 305ra146.

(13) EDELSTEIN, B.; KEATON-BRADSTED, C.; BURG, M. Effects of caffeine withdrawal on nocturnal enuresis, insomnia and behavior restraints. *Journal of Clinical Psychology*, 1984, v. 52, p. 857-862.

ÁLCOOL

(1) EBRAHIM, I. et al. Alcohol and sleep: Effects on normal sleep. *Alcoholism: Clinical and Experimental Research*, 2013, v. 37, p. 539-549.

(2) JOHNSON, E. et al. Epidemiology of alcohol and medication as aids to sleep in early adulthood. *Sleep*, 1998, v. 21, p. 178-186.

(3) THAKKAR, M.; SHARMA, R.; SAHOTA, P. Alcohol disrupts sleep homeostasis. *Alcohol*, 2015, v. 49, p. 299-310.

(4) MADSEN, B.; ROSSI, L. Sleep and Michaelis-Menten elimination of ethanol. *Clinical Pharmacology Therapy*, 1980, v. 27, p. 114-119.

(5) ALCOHOL units -Alcohol support. *The NHS website*. Disponível em: <www.nhs.uk/Livewell/alcohol/Pages/alcohol-units.aspx>.

(6) Chan, J. et al. The acute effects of alcohol on sleep electroencephalogram power spectra in late adolescence. *Alcoholism*: Clinical and Experimental Research, 2015, v. 39, p. 291-299.

(7) RUNDELL, O. et al. Alcohol and sleep in young adults. *Psychopharmacologia*, 1972, v. 26, p. 201-218.

(8) TEOFILO, L. *Medication and Their Effects on Sleep:* Sleep Medicine, Essential and Review. Oxford University Press: Nova York, 2008.

(9) LANDOLT, H. et al. Late afternoon ethanol intake affects nocturnal sleep and the sleep EEG in middle-aged man. *Journal of Clinical Psychopharmacology*, 1996, v. 16, p. 428-436.

EXERCÍCIO

(1) LITTLEHALES, N. *Sleep*. Penguin Random House: United Kingdom, 2016.

(2) FENN, A. How Garret Bale and Real Madrid sleep their way to the top. **BBC**. Disponível em: <www.bbc.co.uk/sport/football/32276547>.

(3) MAH, C. et al. The effects of sleep extension on the athletic performance of collegiate basketball players. *Sleep*, 2011, v. 34, p. 943-950.

(4) Akerstedt, T. Psychosocial stress and impaired sleep. *Scandinavian Journal of Work and Environmental Health,* 2006, v. 32, p. 493-501.

(5) MIURA, A. et al.. Effects of aerobic exercise in early evening on the following nocturnal sleep and its haemodynamic response. *Research in Sports Medicine*, 2016, v. 24, p. 16-29.

(6) SOUISSI, M. et al. Effect of time of day of aerobic maximal exercise on the sleep quality of trained subjects. *Biological Rhythm Research*, 2012, v. 43, p. 323-330.

(7) KREDLOW, M. et al. The effects of physical activity on sleep: A meta-analytic review. *Journal of Behavioral Medicine*, 2015, v. 38, p. 427-449.

(8) YOUNGSTEDT, S.; O'CONNOR, P.; DISHMAN, R. The effects of acute exercise on sleep: A quantitative synthesis. *Sleep*, 1997, v. 20, p. 203-214.

(9) ALLEY, J. et al . Effects of resistance exercise timing on sleep architecture and nocturnal blood pressure. *Journal of Strength and Conditioning Research*, 2015, v. 39, p. 1378-1385.

(10) WEBMD. Disponível em: <http://www.webmd.com/fitness-exercise/features/whats-the-best-time-toexercise#1>.

CAPÍTULO 9

(1) INTERNATIONAL Agency for Research on Cancer. Disponível em: <www.iarc.fr/en/media-centre/pr/2007/pr180.html>.

(2) DAVIS, S.; MIRICK, D.; STEVENS, R. Night shift work, light at night, and risk of breast cancer. *Journal of the National Cancer Institute*, 2001, v. 93, p. 1557-1562.

(3) HANSEN, J. Increased breast cancer risk amongst women who work predominantly at night. *Epidemiology*, 2001, v. 12, p. 74-77.

(4) FEYCHTING, M.; OSTERLUND, B.; AHLBOM, A. Reduced cancer incidence amongst the blind. *Epidemiology*, 1998, v. 9, p. 490-494.

(5) HEDGES, J.; SEKSCENSKI, E.. Workers on late shifts in a changing economy. *Monthly Labor Review*, 1979, v. 10, p. 431-436.

(6) BEERS, T. Flexible schedules and shift work: Replacing the 9–5 workday? *Monthly Labor Review*, 2000, v. 123, p. 33-40.

(7) AMERICAN Academy of Sleep Medicine. *The International Classification of Sleep Disorders:* Diagnostic and Coding Manual. American Academy of Sleep Medicine: Darien, Illinois, US, 2014.

(8) CHENG, P.; DRAKE, C. Shift work and work performance. In: BARLING, J. et al (Eds.). *Work and Sleep*. Oxford University Press: Oxford, UK, 2016.

(9) DRAKE, C.; WRIGHT, K. Shift work, shift-work disorder and jet lag. In: KRYGER, M.; ROTH, T.; DEMENT, W. (Eds.). *Principles and practice of sleep medicine*. Elsevier: St Louis, US, 2011.

(10) HARRINGTON, J. Health effects of shift work and extended hours of work. *Occupational Health Medicine*, 2001, v. 58, p. 68-72.

(11) BOGGILD, H. AND KNUTTSON, A. Shift work, risk factors and cardiovascular disease. *Scandinavian Journal of Work and Environmental Health*, 1999, v. 25, p. 85-99.

(12) SOOKOIAN, S. et al. Effects of rotating shift work on biomarkers of metabolic syndrome and inflammation. *Journal of Internal Medicine*, 2007, v. 261, p. 285-292.

(13) ANTUNES, L. et al. Obesity and shift work: Chronobiological aspects. *Nutrition Research Review*, 2010, v. 23, p. 155-168.

(14) PARKES, K. Shift work and age as interactive predictors of body mass index among offshore workers. *Scandinavian Journal of Work and Environmental Health*, 2002, v. 28, p. 64-71.

(15) HORNE, J.; REYNER, L. Sleep related vehicle accidents. *British Medical Journal*, 1995, v. 310, p. 565–567.

(16) RICHARDSON, G.; MINER, J.; CZEISLER, C. Impaired driving performance in shiftworkers: The role of the circadian system in a multifactorial model. *Alcohol, Drugs and Driving*, 1989, v. 5-6, p. 265-273.

(17) SMITH, L.; FOLKARD, S.; POOLE, C. Increased injuries on night shift. *The Lancet*, 1994, v. 344, p. 1137–1139.

(18) WHITE, L.; KEITH, B. The effect of shift work on the quality and stability of marital relations. *Journal of Marriage and the Family*, 1990, v. 52, p. 453-462.

(19) HORNE, J. *Sleepfaring*. Oxford, UK: Oxford University Press, 2006.

(20) VALLIERES, A.; BASTILLE-DENIS, E. Circadian rhythm disorders II. In: MORIN, C.; ESPIE, C. (Eds.). *The Oxford Handbook of Sleep and Sleep Disorders*. Oxford, UK: Oxford University Press, 2012.

(21) WATSON, N. et al. Genetic and environmental influences on insomnia, daytime sleepiness and obesity in twins. *Sleep*, 2006, v. 29, p. 645-649.

(22) TEMPESTA, D. et al. Can taking a nap during a night shift counteract the impairment of executive skills in residents? *Medical Education*, 2013, v. 47, p. 1013-1021.

(23) SALLINEN, M. et al. Promoting alertness with a short nap during a night shift. *Journal of Sleep Research*, 1998, v. 7, p. 240-247.

(24) SMITH, P. et al. Change from slowly rotating 8-hour shifts to rapidly rotating 8-hour and 12-hour shifts using participative shift roster design. *Scandinavian Journal of Work and Environmental Health*, 1988, v. 24, p. 55-61.

(25) EASTMAN, C. et al. Dark goggles and bright light improve circadian rhythm adaptation to nightshift work. *Sleep*, 1994, v. 17, p. 535-543.

(26) CZEISLER, C.; MOORE-EDE, M.; COLEMAN, R. Rotating shift work schedules that disrupt sleep are improved by applying circadian principles. *Science*, 1982, v. 217, p. 460-463.

JET LAG

(1) PROJECT Syndicate. Disponível em : <www.project-syndicate.org/commentary/why-travel-for-business-byricardo-hausmann-2016-01?barrier=accessreg>.

(2) JET LAG: costing Brits 65m days of holiday a year. *Kayak News*. Disponível em : <www.kayak.co.uk/news/jet-lag-costs-brits/>.

(3) WATERHOUSE, J. et al. Rhythms of human performance. In: TAKAHASHI, J.; TUREK, F.; MOORE, R. (Eds.). *Handbook of behavioral neurobiology*: Circadian clocks. Kluwer Academic: Nova York, 2001.

(4) WATERHOUSE, J.et al. Jet lag: Trends and coping strategies. *Lancet*, 2007, v. 369, p. 1117-1129.

(5) MONK, T. Aging human circadian rhythms: Conventional wisdom may not always be right. *Journal of Biological Rhythms*, 2005, v. 20, p. 366-374.

(6) FLOWER, D.; IRVINE, D.; FOLKARD, S. Perception and predictability of travel fatigue after long-haul flights: A retrospective study. *Aviation Space and Environmental Medicine*, 2003, v. 74, p. 173-179.

(7) SAMEL, A.; WEGMAN, H.; VEJVODA, M. Jet lag and sleepiness in air crew. *Journal of Sleep Research*, 1995, v. 4, p. 30-36.

(8) CHO, K. et al. Chronic jet lag produces cognitive deficits. *The Journal of Neuroscience*, 2000, 20, 1-5.

(9) MCEWEN, B.; SAPOLSKY, R. Stress and cognitive function. *Current Opinion in Neurobiology*, 1995, v. 5, p. 205-216.

(10) Newcomber, J. et al. Decreased memory performance in healthy humans induced by stress level cortisol treatment. *Archives of General Psychiatry*, 1999, v. 56, p. 527-533.

(11) CHO, K. Chronic jet lag produces temporal lobe atrophy and spatial cognitive deficits. *Nature Neuroscience*, 2001, v. 4, p. 567-568.

(12) GRAJEWSKI, B. et al. Measuring and identifying large-study metrics for circadian rhythm disruption in female flight attendants. *Scandinavian Journal of Work and Environmental Health*, 2003, v. 29, p. 337-346.

(13) KATZ, G. et al. Time zone change and major psychiatric morbidity: The results of a 6 years study in Jerusalem. *Comprehensive Psychiatry*, 2002, v. 43, p. 37-40.

(14) CHAPMAN, D. et al. Detrimental effects of west to east transmeridian flight on jump performance. *European Journal of Applied Physiology*, 2011, v. 112, p. 1663-1669.

(15) WINTER, W. et al. Measuring circadian advantage in major league baseball: A 10-year retrospective study. *International Journal of Sports Physiology Performance*, 2009, v. 4, p. 394-401.

(16) BISHOP, D. The effects of travel on team performance in the Australian national netball competition. *Journal of Science and Medicine in Sport*, 2004, v. 7, p. 118-122.

(17) SMITH, R.; GUILLEMINAULT, C.; EFRON, B. Peak athletic performance time and circadian advantage in professional athletes. *Sleep Research*, 1996, v. 25, p. 573.

(18) STEENLAND, K.; DEDDENS, J. Effect of travel and rest on performance of professional basketball players. *Sleep*, 1997, v. 20, p. 366-369.

(19) Waterhouse, J. et al. Further assessment of the relationship between jet lag and some of its symptoms. *Chronobiology International*, 2005, v. 22, p. 121-136.

(20) MANFREDINI, R. Et al. Circadian rhythms, athletic performance and jet lag. *British Journal of Sports Medicine*, 1998, v. 32, p. 101-106.

(21) KENNAWAY, D. Clock genes at the heart of depression. *Journal of Psychopharmacology*, 2010, v. 24, p. 5-14.

(22) KATZ, G. et al. Psychiatric aspects of jet lag: Review and hypothesis. *Medical Hypotheses*, 2001, v. 56, p. 20-23.

(23) DAVIS, S.; MIRICK, D. Circadian disruption, shift work and the risk of cancer: A summary of the evidence and studies in Seattle. *Cancer Causes Control*, 2006, v. 17, p. 539-545.

(24) MAHONEY, M. Shift work, jet lag and female reproduction. *International Journal of Endocrinology*, 2010, v. 2010, 813764.

(25) ARENDT, J. Managing jet lag: Some of the problems and possible new solutions. *Sleep Medicine Reviews*, 2009, v. 13, p. 249-256.

(26) MORGENTHALER, T. et al. Practice parameters for the clinical evaluation and treatment of circadian rhythm sleep disorders. An American Academy of Sleep Medicine Report. *Sleep*, 2007, v. 30, p. 1445-1459.

(27) SANDERS, D.; CHATUVEDI, A.; HORDINSKY, J. Melatonin: Aeromedical toxipharmacological and analytical aspects. *Journal of Applied Toxicology*, 1999, v. 23, p. 159-167.

(28) STOKKAN, K. et al. Entrainment of the circadian clock in the liver by feeding. *Science*, 2001, v. 291, p. 490-493.

VOCÊ AINDA ESTÁ ACORDADO? O FUTURO

(1) SLEEP: A Historical Perspective. *Healthy Sleep*. Disponível em: <http://healthysleep.med.harvard.edu/interactive/timeline>.

(2) PASE, M. et al. Sleep architecture and the risk of incident dementia in the community. *Neurology*, 2017, v. 89, p. 1028-1034.

(3) XIE, L. et al. Sleep drives metabolite clearance from the adult human brain. *Science*, 2013, v. 342, p. 373-377.

(4) MANN, J. *Sleep Junkies*. Disponível em: <https://sleepjunkies.com/blog/ces-2017--sleep-tech-roundup/>.

(5) 2013 International Bedroom Pool. *National Sleep Foundation*. Disponível em: https://sleepfoundation.org/sleep-polls-data/other-polls/2013-international--bedroom-poll

Ouça este e milhares de outros livros no Ubook.
Conheça o app com o **voucher promocional de 30 dias.**

Para resgatar:
1. Acesse **ubook.com** e clique em **Planos** no menu superior.
2. Insira o código #ubk no campo **Voucher Promocional**.
3. Conclua o processo de assinatura.

Dúvidas? Envie um e-mail para contato@ubook.com

*

Acompanhe o Ubook nas redes sociais!
ubookapp ubookapp ubookapp